Anita Finkenzeller, Gabriele Kuhn-Schmelz

Praxis und Methoden

für die sozialpädagogische Erstausbildung

Arbeitsheft

1. Auflage

Bestell-Nummer 42900

Bildungsverlag EINS

Haben Sie Anregungen oder Kritikpunkte zu diesem Produkt?
Dann senden Sie eine E-Mail an 42900_001@bv-1.de
Autorinnen und Verlag freuen sich auf Ihre Rückmeldung.

www.bildungsverlag1.de

Bildungsverlag EINS GmbH
Sieglarer Straße 2, 53842 Troisdorf

ISBN 978-3-427-42900-5

Inhaltsverzeichnis

Vorwort

Wir wenden uns mit diesem Arbeitsheft an alle Schülerinnen bzw. Schüler in der sozialpädagogischen Erstausbildung. Das vorliegende Arbeitsheft ist vor allem für den Lernort Praxis vorgesehen. Aufgaben für die Unterrichtsstätte Schule befinden sich im dazugehörigen Lehrbuch: „Praxis- und Methodenlehre Sozialpädagogik und Medienerziehung", 3. Auflage (Bildungsverlag EINS, Troisdorf, 2009, Bestellnr. 4290A).

Sie finden in diesem Arbeitsheft Aufgaben von einfachen bis hin zu komplexen Problemstellungen. Wir hoffen, Sie gewinnen Motivation, diese Aufgaben eigenständig zu bearbeiten. Diesem Arbeitsheft liegt die Vorstellung zugrunde, dass Sie selbstständig lernen. Sie nehmen die Ausbildung eigenverantwortlich in die Hand. Dabei erhalten Sie Schritt für Schritt Hilfestellungen für zeitgemäße Lern- und Arbeitsprozesse.
Sie entwickeln zunehmend Kompetenzen, berufliche Probleme zu bewältigen, d. h. berufliche Aufgaben und Situationen, die nicht allein durch Routinehandlungen gelöst werden können.
Sie erwerben Handlungswissen und damit berufliche Handlungskompetenz zu den in allen Bildungsplänen der Bundesländer zugrunde liegenden Lernfeldern. Sie zeigen Verantwortungsbewusstsein im Umgang mit persönlichen Daten aus der Praxiseinrichtung, indem Sie grundsätzlich anonymisieren, bzw. verschlüsseln.

Die Reihenfolge der Bearbeitung der Aufgaben ist frei wählbar und orientiert sich vor allem an Ihrer Praxissituation. Jede bearbeitete Aufgabe wird grundsätzlich mit Datum versehen. Die Verweise im Arbeitsheft (Seitenzahlen) zeigen Ihnen an, auf welcher Seite im Lehrbuch „Praxis- und Methodenlehre" Sie weitere Informationen zum Thema finden.
Sie können die mit Web gekennzeichneten Seiten nach Eingabe des BuchPlusWeb-Codes (siehe Umschlag Rückseite) und Registrierung auf der Internetseite www.bildungsverlag1.de/buchplusweb herunterladen, bearbeiten und ausdrucken.

Im Praktikum entwickeln Sie Ihre berufliche Identität. Die Aufgaben unterstützen Sie dabei.
Sie finden in diesem Heft Aufgaben als Hilfestellung,

- sich im Praktikum sicher zu fühlen.
- an denen Sie wachsen und berufliche Identität erwerben können. Sie üben, probieren aus und gewinnen so allmählich fachliche Selbstständigkeit. Sie tauschen Erfahrungen aus, stärken Beziehungen und werden so mit Ihrer Anleitung zunehmend ein Team.
- Ihre berufliche Zukunft zu gestalten. Sie werten Ihr Praktikum aus, absolvieren Prüfungen und nehmen Abschied.

Wir wünschen viel Freude bei der Arbeit und gutes Gelingen.

Die Autorinnen

Grundfähigkeiten, die Sie beim Lösen der Aufgaben erwerben.

Sie nehmen wahr,
d. h. Sie sehen, beobachten, bemerken, analysieren.

Sie beschreiben,
d. h. Sie berichten, stellen dar, erklären, begründen, rechtfertigen und erörtern.

Sie planen,
d. h. Sie suchen Inhalte, legen Ziele fest, wählen Methoden aus, denken über Medien nach, wählen Sozialformen, legen den Verlauf fest und teilen Arbeit zu.

Sie gestalten,
d. h., Sie richten Räume her, stellen Spielzeug bereit, singen Lieder, machen pädagogische Angebote, erzählen Geschichten, experimentieren, malen.

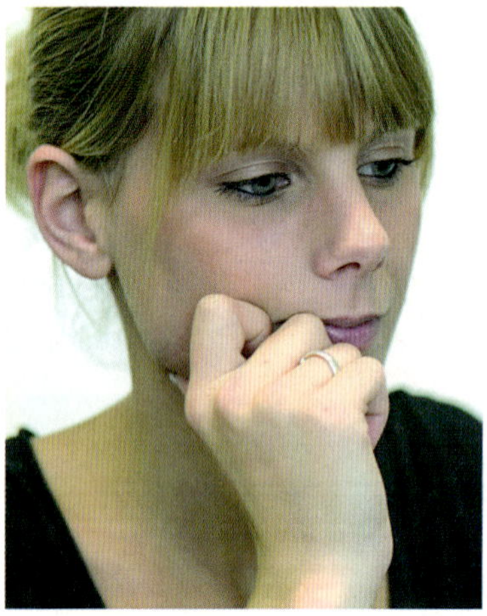

Sie reflektieren,
d. h. Sie denken über das eigene Verhalten nach, sprechen sich mit Kolleginnen aus, denken über Ihre Planung und Gestaltung nach, reflektieren Ihren Lernprozess.

Sie kooperieren
mit Kolleginnen und Eltern, planen, sprechen sich ab, feiern, lösen Konflikte miteinander, teilen die Arbeit auf.

1 Berufliche Anforderungen

Grundwissen

Berufsmotivation und Erwartungen an den Beruf
Erwartungen und Entwicklung im Praktikum
Die Arbeitsstelle

Wenn Sie diese Aufgaben bearbeiten, können Sie folgende Kompetenzen erwerben:

- Einschätzen der eigenen beruflichen Eignung und des eigenen erzieherischen Verhaltens.
- Erfassen, dass sich ethische Grundhaltungen aus der eigenen Erfahrungs- und Erlebniswelt entwickeln.
- Wissen, dass konkrete Handlungsziele von den eigenen Einstellungen abhängen.
- Eigene persönliche Lernprozesse strukturieren.
- Eigene Einstellungen und Werthaltungen reflektieren.
- Eigenes Verhalten hinterfragen, weil Sie wissen, dass es auf andere Menschen wirkt und Sie es gegebenenfalls ändern können.
- Berufliche Identität entwickeln, die auf einem reflektierten Wertebewusstsein basiert.
- Sozialpädagogische Einrichtungen und deren Arbeitsweisen kennen.

1.1 Der Erzieherberuf

A

Aufgaben

1. *Lesen Sie die folgende Geschichte.*
2. *Markieren Sie Aussagen, die Sie besonders berühren.*
3. *Schreiben Sie Ihre Gedanken dazu auf.*

„Herr, Ihr bastelt aber lange an dieser Figur“

Als der liebe Gott die Erzieherin schuf, machte er bereits den sechsten Tag Überstunden. Da erschien der Engel und sagte: „Herr, Ihr bastelt aber lange an dieser Figur!“ Der liebe Gott sprach: „Hast du die speziellen Wünsche auf der Bestellung gesehen? Sie soll pflegeleicht, aber nicht aus Plastik sein; sie soll 160 bewegliche Teile haben; sie soll Nerven wie Drahtseil haben und einen Schoß, auf dem zehn Kinder gleichzeitig sitzen können, und trotzdem muss sie auf einem Kinderstuhl Platz haben. Sie soll einen Rücken haben, auf dem sich alles abladen lässt; und sie soll in einer überwiegend gebückten Haltung leben können. Ihr Zuspruch soll alles heilen, von der Beule bis zum Seelenschmerz; sie soll sechs Paar Hände haben.“

Da schüttelte der Engel den Kopf und sagte: „Sechs Paar Hände, das wird kaum gehen!“ „Die Hände machen mir keine Kopfschmerzen“, sagte der liebe Gott, „aber die drei Paar Augen, die eine Erzieherin haben muss.“ „Gehören die denn zum Standardmodell?“ fragte der Engel. Der liebe Gott nickte: „Ein Paar, das durch geschlossene Türen blickt, während sie fragt: Was macht ihr denn da drüben? – Obwohl sie es längst weiß. Ein zweites Paar im Hinterkopf, mit dem sie sieht, was sie nicht sehen soll, aber wissen muss. Und natürlich noch die zwei Augen hier vorn,

aus denen sie das Kind ansehen kann, das sich unmöglich benimmt, und die trotzdem sagen: Ich verstehe dich und habe dich sehr gern – ohne dass sie ein einziges Wort spricht."
„O Herr!" sagte der Engel und zupfte ihn leise am Ärmel, „geh' schlafen und mach morgen weiter." „Ich kann nicht", sagte der liebe Gott, „denn ich bin nah dran, etwas zu schaffen, das mir einigermaßen ähnelt. Ich habe bereits geschafft, dass sie sich selbst heilt, wenn sie krank ist; dass sie 30 Kinder mit einem winzigen Geburtstagskuchen zufrieden stellt; dass sie einen Sechsjährigen dazu bringen kann, sich vor dem Essen die Hände zu waschen; einen Dreijährigen davon überzeugt, dass Knete nicht essbar ist und übermitteln kann, dass Füße überwiegend zum Laufen und nicht zum Treten von mir gedacht waren."
Der Engel ging langsam um das Modell der Erzieherin herum. „Zu weich", seufzte er. „Aber zäh", sagte der liebe Gott energisch. „Du glaubst gar nicht, was diese Erzieherin alles leisten und aushalten kann."
„Kann sie denken?" „Nicht nur denken, sondern sogar urteilen und Kompromisse schließen", sagte der liebe Gott, „und vergessen!" Schließlich beugte sich der Engel vor und fuhr mit einem Finger über die Wange des Modells. „Da ist ein Leck", sagte er. „Ich habe euch ja gesagt, Ihr versucht zu viel in das Modell hineinzupacken." „Das ist kein Leck", sagte der liebe Gott, „das ist eine Träne". „Wofür ist sie?" „Sie fließt bei Freude, Trauer, Enttäuschung, Schmerz und Verlassenheit". „Ihr seid ein Genie!" sagte der Engel.
Da blickte der liebe Gott versonnen: „Die Träne", sagte er, „ist das Überlaufventil."

(Wenke, nach Erma Brombeck, 1987, S. 205)

Meine Gedanken zur Geschichte und zum Erzieherberuf:

____

____

____

____

____

____

____

____

____

____

____

____

____

____

____

____

Erledigt am: ____________________

1.2 Berufsmotivation und Erwartungen an den Beruf

(Lehrbuch S. 12f.)

Bisher kennen Sie sozialpädagogische Berufe vorwiegend aus einer Beobachterposition und haben sich Ihr eigenes Bild von diesen Berufen gemacht. Sie haben im Verlauf Ihrer bisherigen Entwicklung Erfahrungen gemacht, die wie ein großes Puzzle ein Gesamtbild ergeben. Innerhalb Ihrer Biografie ist in jedem Ihrer Lebensräume ein „Puzzleteil" zu diesem Bild entstanden. Dieses Puzzlebild mit Ihren individuellen Lebensräumen setzen Sie jetzt zusammen.

A

Aufgaben

1. *Denken Sie darüber nach, zu welchen Lebensräumen Sie gehören und tragen Sie Ihre Lebensräume in die vorgezeichneten Puzzleteile ein. Falls die Anzahl nicht reicht, ergänzen Sie freihändig weitere Puzzleteile.*
2. *Den für Sie wichtigsten Lebensraum zeichnen Sie bitte rot, den zweitplatzierten blau, den an der dritten Stelle gelb.*
3. *Markieren Sie den Lebensraum mit einem B, der für Ihre berufliche Zukunft jetzt und nach der Ausbildung wichtig ist.*
4. *Markieren Sie den Lebensraum mit einem K, auf den Sie in Ihrer Kindheit auf keinen Fall hätten verzichten wollen.*

Mein Lebensraumpuzzle

Erledigt am: ____________________

1.3 Personen, die meine Berufswahl beeinflusst haben

A *Aufgabe*

Denken Sie an Personen oder Situationen in Ihrer Lebensgeschichte, die Sie bei der Berufswahl beeinflusst haben. Reflektieren Sie dabei Ihre Gefühle bei diesen Erinnerungen.

Erinnerungen an Situationen und Personen, die meine Berufswahl beeinflusst haben:	Wie es mir dabei geht bzw. erging:

Wenn Sie Ihre persönlichen Lebensraumpuzzles und Ihre persönlichen Erinnerungen in der Gruppe vergleichen, stellen Sie möglicherweise Ähnlichkeiten und Verschiedenheiten fest. Jeder hat seine eigenen Gründe dafür, diesen Beruf und keinen anderen zu ergreifen.

Erledigt am: ____________________

1.4 Gründe für meine Berufswahl

A

Aufgabe

Erinnern Sie sich, warum Sie diesen Beruf gewählt haben und beschreiben Sie dies.

Erledigt am: ______________________

1.5 Erwartungen und Entwicklung im Praktikum

(Lehrbuch S. 13f.)

Bald werden Sie Ihr regelmäßiges Praktikum beginnen. Dies ist mit einer Reihe von Erwartungen, Befürchtungen, Gefühlen verbunden.

A *Aufgabe*

Malen Sie ein Bild, das Ihre Gefühle vor dem ersten Praxistag ausdrückt.

Meine Gefühle vor dem ersten Praxistag:

Erledigt am: ______________________

Mein Steckbrief – Entwurf

Im Praktikum werden Sie von vielen Personen wahrgenommen. Die Kinder sind neugierig auf die neue Praktikantin/den neuen Praktikanten, die Mitarbeiterinnen erwarten, dass Sie sich gut in die Einrichtung einleben können, nicht zuletzt möchten die Eltern der Kinder wissen, wer sich zukünftig mit ihren Kindern befasst. Den Kindern werden Sie von Ihrer Praxisanleitung vorgestellt, die Praxisanleitung hat Sie bereits schon einmal gesehen, aber für die Eltern sind Sie noch ein „unbeschriebenes Blatt". Das können Sie auf einfache Weise ändern, indem Sie sich allen Eltern mit einem Steckbrief vorstellen

A

Aufgabe

Fertigen Sie einen Steckbrief an, in dem Sie sich den Eltern Ihrer Praxiseinrichtung vorstellen und hängen Sie diesen an einer geeigneten Stelle gut sichtbar auf (Gruppentüre oder Infowand). Im Steckbrief sollten Sie sich mit vollständigem Namen, Alter, beruflicher Zielsetzung, Ausbildungsschule, einigen persönlichen Worten und einem Foto vorstellen.

Legen Sie Wert auf eine ansprechende Gestaltung und auf korrektes Deutsch, denn der Steckbrief ist Ihre Visitenkarte. Fertigen Sie zunächst einen Entwurf an.

Foto von mir

Erledigt am: ______________________

Mein erster Praxistag in der neuen Einrichtung

A *Aufgabe*

Schreiben Sie Ihrer Klassenkameradin oder einer Freundin einen Brief und berichten Sie von den wichtigsten Eindrücken Ihres ersten Praxistages.

Erledigt am: ______________________

1.6 Die Praxisstelle

Zu Beginn des Praktikums, besonders wenn dies ein Blockpraktikum ist, werden alle notwendigen Angaben zum Kennenlernen der Kindertagesstätte gesammelt und mithilfe der Formulare eine Informationsmappe über die Praxisstelle mit folgenden Inhalten erstellt:
Name, Anschrift und Lage, Räume und deren Nutzung, Öffnungszeiten, Träger, Team, Tagesablauf, Gruppenzusammensetzung, Aufgaben und Regeln, Spielmaterial.

A

Aufgabe
Erstellen Sie eine Informationsmappe über Ihre Praxisstelle. Gehen Sie dabei nach folgender Gliederung vor bzw. füllen Sie die vorgefertigten Formulare am PC aus und drucken Sie diese aus. Sammeln Sie alles in einem Schnellhefter. Entwerfen Sie dazu ein mit Datum versehenes Deckblatt.

Web

Meine Praxisstelle (Seite 1)
1. Anschrift:
Art der Einrichtung und Lage
Name und Anschrift, Telefonnummer, Fax und E-Mail-Adresse
2. Gebäude, Räumlichkeiten und deren Nutzung
Alter (evtl. etwas zur Geschichte)
Räumlichkeiten der gesamten Einrichtung (Gruppenräume, gemeinsam genutzte Räume)
Außenanlage (Beschreibung, Ausstattung)

Web

Spielorte der Kinder meiner Praxisgruppe (Seite 2)

Fertigen Sie eine Skizze des Gruppenraumes und der weiteren Spielorte an, die von Kindern Ihrer Gruppe benutzt werden dürfen, z. B. Flur, Bewegungsraum, Außengelände (siehe Lehrbuch S. 166).

Web

Öffnungszeiten und Dienstleistung (Seite 3)

Öffnungszeiten

Wählbare Dienstleistungen

Ferienzeiten

Evtl. besondere Lösungen

Team (Seite 4)

Träger, bzw. dessen Vertreter

Leitung der Einrichtung (mit Berufsangabe)

Gruppe: Leitung: Zusatzkräfte:	Gruppe: Leitung: Zusatzkräfte:
Gruppe: Leitung: Zusatzkräfte:	Gruppe: Leitung: Zusatzkräfte:
Gruppe: Leitung: Zusatzkräfte:	Gruppe: Leitung: Zusatzkräfte:

Tagesablauf in meiner Gruppe (Seite 5)

Einen typischen Tagesablauf tabellarisch darstellen (von … bis … Bringzeit …), die klare, immer wiederkehrende Struktur soll erkennbar werden, z. B. Freispiel, angeleitete Beschäftigung, tägliche Aktivitäten, Spiel im Freien, Frühstückssituation.

Uhrzeit	Was?
von bis	
von bis	
von bis	
von bis	
von bis	
von bis	
von bis	
von bis	

Web

Die Gruppenzusammensetzung in meiner Praxisstelle (Seite 6)

Tragen Sie die Angaben über alle Kinder Ihrer Gruppe in eine Tabelle ein. Zur Anonymisierung bitte nur Vorname oder Abkürzung, Geburtsjahr und Geburtsmonat angeben

Altersstufe	Jungen	Mädchen
6 und älter		
4 – 5		
3 – 4		
1 – 3		
0 – 1		

Web

Aufgaben und Regeln der Gruppe (Seite 7)

Listen Sie alle Gruppenregeln (z. B. Regeln bezüglich der Nutzung einzelner Spielorte, Aufräumregeln) und Aufgaben, die für Ihre Gruppe maßgebend sind (z. B. Spüldienst, Blumendienst) übersichtlich auf.

Spielmaterial der Kinder meiner Praxisgruppe (Seite 8)
Tragen Sie in die Tabelle alle vorhandenen Spielmaterialien ein, welche die Kinder für die verschiedenen Spielformen nutzen können.
Baubereich
Rollenspielbereich
Gestaltungsbereich
Spieltisch
Bewegungsbereich

Web

Bericht über meine ersten Praxiserfahrungen (Seite 9)

Einsatz

(In welche Gruppe und wie ich eingeführt wurde, wie die Stimmung in der Gruppe war)

Aufgaben

(Welche Aufgaben ich hatte und wie es mir damit ergangen ist)

Kontaktaufnahme

(Wie mir die Kontaktaufnahme zu Mitarbeitern und Kindern gelungen ist, wie ich mich einbringen konnte)

Bezug zu Beruf und Arbeit

(Ob die Arbeit Spaß gemacht hat, was ich jetzt über den Beruf weiß, wie ich mich in der Rolle der Praktikantin gefühlt habe, was mir gut/nicht so gut gelungen ist)

1.7 Entwicklung des Hilfsprozesses zwischen Praxisanleitung und Praktikantin (Lehrbuch S. 17 ff.)

Ihre Praxisanleitung ist bereit, ihre Erfahrungen und ihr Wissen im Umgang mit Kindern an Sie weiterzugeben und Sie in Ihren praktischen Aufgaben zu unterstützen. Es wird sich ein Hilfsprozess zwischen Ihnen und Ihrer Praxisanleitung entwickeln. Das geht natürlich nur mit Ihrer aktiven Beteiligung, denn erfolgreiche Lernprozesse erfordern einen großen Einsatzwillen.

„Geh' nicht nur die glatten Straßen,
geh' die Wege, die noch niemand ging,
damit du Spuren hinterlässt, und nicht nur Staub."
(Jutta Ahlenmann)

Aufgabe **A**

Denken Sie über das Zitat nach. Entwickeln Sie Ideen, welche Spuren Sie im Umgang mit den Kindern im Praktikum hinterlassen möchten.

Meine Spuren im Praktikum:
Ich möchte, dass …

Erledigt am: ______

Je länger Sie im Praktikum aktiv sind, umso mehr fachliche Fragen werden sich einstellen, die Sie mit Ihrer Praxisanleitung besprechen und zu klären versuchen:

„Erkläre mir und ich werde vergessen.
Zeige mir und ich werde mich erinnern.
Beteilige mich und ich werde verstehen."
(Chinesisches Sprichwort)

A *Aufgabe*
Notieren Sie, was Ihnen zu diesem Sprichwort einfällt. Diskutieren Sie mit Ihrer Praxisanleitung darüber und überlegen Sie sich einige Fragen. Erstellen Sie ein Gesprächsprotokoll nach dem folgenden Formblatt.

Web

Protokoll/Interview	
Thema:	
Beteiligte Personen:	
Datum/Uhrzeit/Ort:	
Fragen:	**Antworten:**
1. Welche Hilfen können meinen Einstieg ins Praktikum erleichtern?	
2. Wie kann ich mich aktiv am Praxistag beteiligen?	
3.	
4.	
Was habe ich gelernt? Was gibt mir Kraft – was nimmt mir Kraft?	

Der Hilfsprozess zwischen Praxisanleitung und Praktikantin entwickelt sich weiter

Mittlerweile haben Sie schon einige Praxiswochen in Ihrer Praxiseinrichtung verbracht und können einen ersten Rückblick auf Ihre Anfangszeit werfen. Sie können Ihre ersten Praxiserfahrungen reflektieren.

A

Aufgaben

1. *Sammeln Sie Ihre Erwartungen vor dem Praktikum und tragen Sie diese in die entsprechende Zeile ein.*
2. *Lesen Sie in Ihren Berichten nach, welche Erwartungen Sie an das Praktikum hatten. Was ist daraus geworden?*
3. *Haben sich Ihre Erwartungen in der Zwischenzeit verändert? Gibt es Gründe dafür?*

Web

Reflexion meiner Erwartungen im Praktikum
Meine Erwartungen vor dem Praktikum:
Was daraus geworden ist:
Erwartungen haben sich verändert:
Gründe für die Veränderung von Erwartungen:
Meine Entwicklung in dieser Zeit:

Erledigt am: ____________________

1.8 Die Arbeitsstelle (Lehrbuch ab S. 23)

Sie verschaffen sich über die Erfahrungen in Ihrer Praxisstelle hinaus einen Überblick über die verschiedenen beruflichen Einsatzfelder, die als Arbeitsstelle für Sie infrage kommen.

A *Aufgabe*

Finden Sie heraus, welche der im Lehrbuch auf S. 24–26 genannten Arbeitsstellen es in Ihrer Stadt oder Gemeinde gibt.

Kennzeichnen Sie diejenigen Einrichtungen in der Tabelle mit einem Stern, in denen Sie gerne arbeiten möchten.

Web

Kinderbetreuungseinrichtung mit Anschrift	Persönliche Erfahrungen mit dieser Einrichtung

Erledigt am: ______________________

1.9 Die Konzeption der Einrichtung (Lehrbuch S. 26ff.)

Sie haben sich in Ihrer Praxiseinrichtung eingelebt und befassen sich mit der Konzeption der Einrichtung. Sie wissen, was eine Konzeption ist, was sie enthalten sollte und können gezielte Fragen über die Inhalte der Konzeption stellen.

A

Aufgabe
Machen Sie sich anhand der schriftlichen Konzeption Ihrer Einrichtung bzw. mithilfe von Interview-Fragen kundig darüber, welches die wichtigsten Leitlinien, Ziele und Grundsätze der pädagogischen Mitarbeiterinnen sind und halten Sie diese in dem Protokollbogen fest.

Web

Protokoll/Interview	
Thema:	
Beteiligte Personen:	
Datum/Uhrzeit/Ort:	
Fragen:	**Antworten:**
1. In welcher Rolle sehen sich die Erziehungspersonen der Einrichtung hauptsächlich?	
2. Welches sind die wichtigsten Grundsätze und Leitbilder der Einrichtung?	
3. Nach welchen speziellen pädagogischen Konzepten oder Methoden wird in der Einrichtung gearbeitet?	
4. Welche Bildungs- und Erziehungsziele sind in der Einrichtung, neben den allgemein verbindlichen, besonders bedeutsam?	
Was habe ich für meinen Beruf in meiner Einrichtung gelernt?	

2 Die entdeckende Beobachtung

Grundwissen

Beobachtung in Absprache mit den Teammitgliedern
Die Bedeutung der fachlichen Beobachtung für das pädagogische Handeln
Beobachtungsziele und Beobachtungsinhalte
Beobachtungsverfahren
Dokumentation der Beobachtungen
Auswertung und Verstehen von Beobachtungen

Wenn Sie diese Aufgaben bearbeiten, können Sie folgende Kompetenzen erwerben:

- Sie nehmen das Verhalten von Kindern in bestimmten Situationen wahr.
- Sie kennen verschiedene Beobachtungsverfahren.
- Sie beobachten Stärken und Schwächen der Kinder.
- Sie erkennen unterschiedliche Lernwege von Kindern und Gruppen.
- Sie überblicken Entwicklungsverläufe und erfassen Entwicklungsrisiken.
- Sie kennen verschiedene Dokumentationsformen.
- Sie interpretieren, verstehen und bewerten Beobachtungsergebnisse.
- Sie reflektieren ihr Handeln fachlich.
- Sie drücken sich mündlich und schriftlich fachkompetent aus.

A *Aufgabe*
Betrachten Sie die Abbildungen und lösen Sie die Aufgaben.

1. Betrachten Sie das Bild und beschreiben Sie, was Sie sehen.

2. Wie viele Quadrate sehen Sie?

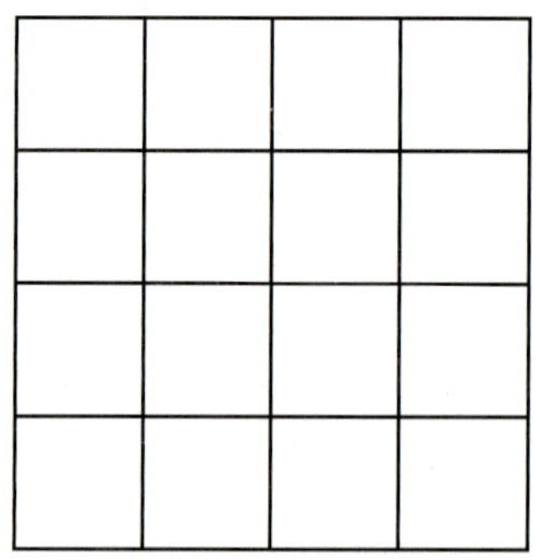

3. Welche Zeichnung könnte „Takete“, welche „Maluma“ heißen?

A

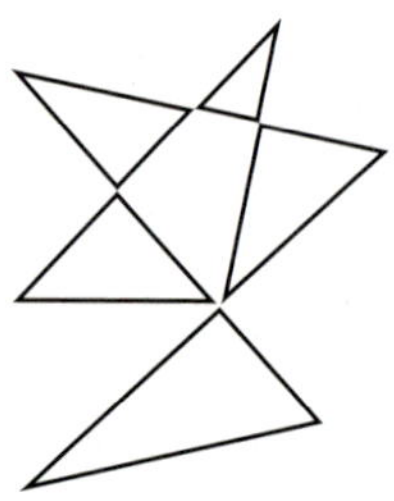

B

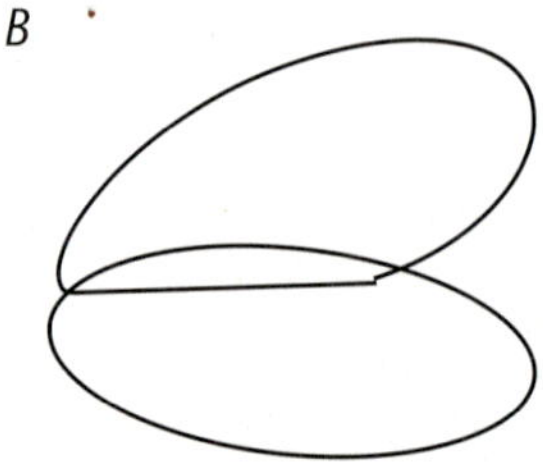

Erledigt am: ______________________

2.1 Beobachtungsziele und Inhalte (Lehrbuch S. 34)

A

Aufgabe

Fragen Sie Ihre Praxisanleitung, welche fachlichen Beobachtungen in Ihrer Einrichtung gemacht werden.

Web

Beobachtungsziele und Inhalte in meiner Praxiseinrichtung
Wir beobachten folgendes Verhalten:
So dokumentieren wir:
Ziele dieser Beobachtungen sind:

2.2 Beobachtungsfehler (Lehrbuch S. 36)

A

Aufgabe

Lesen Sie im Lehrbuch in Kapitel 2.4, S. 36 nach und erarbeiten Sie zu drei Beobachtungsfehlern Beispiele.

Web

Beobachtungsfehler	Beispiele

Erledigt am: ______________________

2.3 Verschiedene Beobachtungsaufgaben für das Praktikum mit Dokumentation

Beobachtung eines Kindes während der Bringzeit und der Abholzeit mit Auswertung

Das Verhalten der Kinder beim Ankommen und Verabschieden und die eigene Kontaktaufnahme, bzw. die Verabschiedung werden beobachtet.

Es kommt bei diesen Beobachtungen darauf an, die Situation beim Ankommen und Abholen eines Kindes wahrzunehmen, zu beschreiben, sich in die Gefühle des Kindes einzufühlen und sich bewusst zu machen, was das Kind jetzt braucht, um angemessen zu handeln. Außerdem nehmen Sie die eigene Kontaktaufnahme zu den Kindern und die Verabschiedung von den Kindern bewusst wahr. Die Beobachtung als Grundfertigkeit wird geübt.

Nach folgendem Muster wird gearbeitet:

Web

Beobachtung eines Kindes in der Bringzeit

Beobachtetes Kind: ______________________________
(Vorname oder Abkürzung, Alter mit Jahr und Monat, z. B. 3, 2)

Beobachtungstag und Zeitraum: ______________________________

Beschreibung der beobachteten Situation beim Bringen:
Wer ist beteiligt? Wie gestaltet sich die Verabschiedung von den Eltern? Können diese noch in der Gruppe verweilen? Geht das Kind auf jemanden zu, bzw. auf wen geht es zuerst zu? Schaut es den anderen Kindern zunächst lieber beim Spielen zu? Möchte es erst alleine spielen?

Zusammenfassend habe ich über das Kind beim Kommen erfahren:

Wie habe ich selbst Kontakt zu dem Kind aufgenommen?

Erledigt am: ______________________________

Web

Beobachtung eines Kindes in der Abholzeit

Beobachtetes Kind: ______________________________

(Vorname oder Abkürzung, Alter mit Jahr und Monat, z. B. 3, 2)

Beobachtungstag und Zeitraum: ______________________________

Beschreibung der beobachteten Situation beim Abholen:
Wer holt das Kind ab? Wie erfolgt die Begrüßung? Wie verläuft die Verabschiedung von Kindern und Erziehern?

Zusammenfassend habe ich über das Kind erfahren:

Wie habe ich mich verabschiedet?

Entwicklungsbeobachtung eines Kindes (Lehrbuch S. 52)

A

Aufgabe

Lesen Sie das erste Beispiel im Lehrbuch auf S. 52 und verfahren Sie mit einem Kind Ihrer Gruppe ebenso etwa eine halbe Stunde, in der es sich aussuchen kann, was es mit Ihnen machen möchte. Ergänzen Sie nach der „Sternstunde" das folgende Arbeitsblatt. Diese Situationen können auch gut mit Fotos festgehalten werden.

Beobachtung eines Kindes in einer „Sternstunde"

Beobachtetes Kind: ____________________

(Vorname oder Abkürzung, Alter mit Jahr und Monat, z. B. 3, 2)

Beobachtungstag und Zeitraum: ____________________

Ort ____________________

Beschreibung der ausgewählten Situation:

____

____

Auswertung:

Was hat das Kind sich gewünscht?

Was hat das Kind zu dieser Sternstunde gesagt?

Was haben wir zusammen unternommen?

Welche Aktivitäten hat das Kind entfaltet?

Worüber haben wir gesprochen?

Was hat das Kind erzählt?

Welche Themen beschäftigt das Kind momentan?

Was ist ihm wichtig?

Was habe ich vom Kind erfahren, was ich bisher nicht wusste?

Welche Unterstützung braucht das Kind gegenwärtig?

Welche Anreize und Anregungen könnten dem Kind gut tun?

Welche Herausforderungen oder Veränderungen wären wichtig?

Sonstiges

(vgl. Baumann/Jung, 2006, S. 34)

Strukturierte Beobachtungsverfahren mit spezifischer Zielsetzung (Lehrbuch S. 43)

A

Aufgabe

Fragen Sie Ihre Praxisanleitung, welche Beobachtungsbögen in der Einrichtung verwendet werden. Diskutieren Sie Ziele, Vor- und Nachteile. Tragen Sie die Ergebnisse in die Tabelle ein.

Web

Beobachtungsverfahren in meiner Praxiseinrichtung

Beobachtungsbogen: (Name, kurz beschreiben)

______

______

Ziel:

______

______

______

Vorteile	Nachteile

2.4 Beobachtung von Spielinteressen in der Gruppe

Ziel dieser Beobachtung:
Es wird sichtbar, welche Spielinteressen einzelne Kinder haben, womit sie häufig spielen, welche Spielpartner sie bevorzugen, was zu bestimmten Tageszeiten gerne gespielt wird. Gruppierungen innerhalb der Gruppe werden deutlich.

Beobachtung von Spielinteressen mittels einer Raumskizze

A *Aufgabe*
Tragen Sie in den Raumgrundriss Ihrer Gruppe die Namen der Kinder dort ein, wo diese sich zum Zeitpunkt der Beobachtung gerade aufhalten.
Dieses blitzlichtartige Beobachtungsverfahren wird zu verschiedenen Tageszeiten und an unterschiedlichen Tagen wiederholt.

Web

Beobachtung von Spielinteressen der Kinder in meiner Praxisgruppe

Beobachtungstag und Zeitraum: ______________________

Ort ______________________

Raumskizze:

Auswertung der Beobachtungen:
Nach mindestens fünf dieser Beobachtungsaufzeichnungen kann eine erste Auswertung erfolgen, bei der folgende Fragen erörtert werden:

- Welche Kinder haben bevorzugte Spielpartner?
- Welche Kinder haben bevorzugte Spielinteressen?
- Welche Kinder verhalten sich vorwiegend beobachtend?
- Welche Kinder haben wenig oder keine Kontakte zu anderen Kindern?
- Welche Kinder spielen vorzugsweise alleine?

Beobachtung von Spielinteressen mittels Beobachtungsbogen

Aufgabe

Tragen Sie in die erste Spalte der Tabelle die Namen der Kinder Ihrer Gruppe ein und ergänzen Sie evtl. noch fehlende Spielbereiche in der oberen Zeile.

Führen Sie eine Strichliste, aus der hervorgeht, welches Kind sich gerade wo aufhält. Die Tabelle kann mehrmals verwendet werden, wenn Sie jedes Mal eine andere Farbe verwenden, denn auch dieses in kurzer Zeit mögliche Beobachtungsverfahren wird mehrmals wiederholt.

Beobachtung von Spielinteressen in meiner Praxisgruppe							
Vorname des Kindes	Baubereich	Rollen-spiel-bereich	Kreativ-bereich	Spieltisch	Bewe-gungs-bereich	Lese-bereich	Ruhezone

Die **Auswertung** erfolgt nach den gleichen Fragestellungen wie bei der Beobachtung mittels Raumskizze auf Seite 34.

2.5 Das kindliche Spielverhalten beobachten und verstehen

Ziel dieser Beobachtung:
Sie bekommen durch die Beobachtung des Spielverhaltens Auskunft über Befindlichkeiten und Entwicklungsstand der Kinder und entdecken deren persönliche Stärken und Schwächen.

Fragen für allgemeine Spielbeobachtungen:

- Wie geht das Kind auf das vorhandene Spielmaterial zu?
- Wie geht es mit dem Material um?
- Sucht das Kind selbstständig Spielpartner oder braucht es die Unterstützung eines Erwachsenen?
- Kann es eine Spielhandlung aufbauen?
- Erkennt es Spielregeln und kann es sie einhalten?
- Spielt es seine Spielhandlungen zu Ende?
- Welche Rollen nimmt es bei den Spielprozessen ein?
- Lässt es sich durch andere durch das Spiel führen, kann es Hilfe annehmen oder meidet es eher Spielsituationen mit anderen Kindern?
- Ist es neugierig auf Unbekanntes?
- Was drückt es im Spielgeschehen aus?

(vgl. Johann, 1996, S. 84)

Weitere Fragen für das Spiel in bestimmten Spielbereichen:

Am Mal- und Werktisch	Am Spieltisch
– In welcher Phase der Gestaltungsentwicklung befindet sich das Kind? – Hat sich eine bestimmte Händigkeit schon herausgebildet (rechts-links)? – Welche Motive stellt es dar? – Entwickelt es eigene Motiv- und Gestaltungsideen? – Wie fantasievoll/wie genau arbeitet es? – Kommentiert es sein Werk? – …	– Welche Spielpartner bevorzugt das Kind? (Erwachsene/Kinder) – Wie aufmerksam verfolgt es das Spielgeschehen? – Worum geht es dem Kind bei dem Spiel? – Verfolgt es eine Strategie? – Wie geht es mit vorgegebenen Regeln um? – Wie verhält es sich, wenn es gewinnt, bzw. verliert? – …
Im Baubereich	**Im Rollenspielbereich**
– Baut das Kind alleine, parallel zu anderen oder gemeinsamen mit anderen? – In welcher Phase der Bauentwicklung befindet sich das Kind? – Hat es ein Motiv, eine Zielvorstellung von dem Bauwerk? – Erfasst es technische Zusammenhänge wie z. B. Statik? – Wie gewandt und motorisch geschickt geht es vor? – Geht es auf Ideen anderer ein? – Ist es kompromissbereit? – Gibt es Baumaterial ab bzw. fordert es von anderen ein? – …	– Gibt es ein gemeinsames Thema? – Wer bestimmt, welche Rollen gespielt werden? – Wer ordnet sich unter? – Wie vielfältig sind die Spielideen? – Wie wird mit unterschiedlichen Spielwünschen umgegangen? – Wird das vorhandene Spielmaterial der Rolle entsprechend benutzt? – Werden fehlende Requisiten beschafft, hergestellt oder umgedeutet? – Wie sorgfältig gehen die spielenden Kinder mit dem Material um? – …
Im Lesebereich	**Am Esstisch**
– Hat das Kind Interesse an bestimmten Themen? Welche Bücher sucht es aus? – Wie aufmerksam verfolgt es das Geschehen im Buch? – Fragt es nach? Möchte es sich selbst mitteilen? – In welcher Phase der Sprachentwicklung befindet sich das Kind? – Hat es bestimmte Erwartungen an den Vorleser? – Wie schnell erfasst es die Inhalte? – Wie bedeutsam ist die Möglichkeit des Rückzugs von der Gruppe oder vom Körperkontakt zum Vorleser? – …	– Welches Essen bevorzugt das Kind? – Welche Rückschlüsse lässt das mitgegebene Essen und Getränk auf die häusliche Versorgung des Kindes zu? – Wie isst das Kind (Tempo, Sauberkeit, Konzentration, Menge, Genuss)? – Nimmt es Kontakt zu anderen Kindern am Tisch auf – wie? – Welche feinmotorischen Fähigkeiten sind zu beobachten? – Wie schätzen Sie den Ernährungszustand des Kindes ein? – …

A *Aufgabe*

Beobachten Sie Kinder in den verschiedenen Spielbereichen des Freispiels und verfassen Sie jedes Mal ein Beobachtungsprotokoll nach folgender Gliederung.

Erklärung zur Beobachtungsaufgabe (dazugehöriges Arbeitsblatt auf der nächsten Seite):

Beobachtungsbogen

für: ______________________________

(Vorname des Kindes)

ausgefüllt am: ______________________________

(Datum) Beobachtungszeitraum: (Uhrzeit)

Ausgefüllt von: ______________________________

(Ihr Name)

Anlass/Ziel der Beobachtung

Was möchte ich über das Kind erfahren? Siehe Fragen zum kindlichen Spielverhalten.

Allgemeine Situation in der Gruppe

In welcher Situation beobachte ich das Kind? z. B. In welchem Raum? Wie viele Kinder sind anwesend? Wie viele Erwachsene? Womit ist das Kind beschäftigt? Womit bin ich beschäftigt? Wie kam es zu dieser Beobachtung?

Verhaltensbeschreibung

*Wertfreie Beschreibung des beobachteten Verhaltens unter den Fragestellungen: „**Wie** verhält sich das Kind?", „**Wie** handelt es?" „Mit **wem** tut es etwas?" „**Was** sagt es?" „**Womit** beschäftigt sich das Kind?" usw., um das gesamte Geschehen deutlich zu machen.*

Die Verwendung von Hilfsmitteln wie z. B. Beobachtungsbogen, Beobachtungsfragen, Notizen anhand von praktischen Beispielen ist hilfreich.

Bemerkungen und Kommentar

- *eigene Gedanken, überraschende Entdeckungen und Bewertungen zum beobachteten Verhalten*
- *Entwicklungsbedarf, Förderbedarf, Ziele für die nächste Zeit, weitere Fragestellungen.*

Web

Beobachtungsbogen

für: ____________________
Vornamen/Alter

ausgefüllt am: __________ Beobachtungszeitraum: __________

ausgefüllt von: ____________________

Anlass/Ziel der Beobachtung

Allgemeine Situation in der Gruppe

Verhaltensbeschreibung

Bemerkungen und Kommentar

2.6 Auswertung der Beobachtungen für das Kind

(Lehrbuch S. 46)

A *Aufgaben*

1. *Lesen Sie zur Wiederholung das Beispiel über Entwicklungsberichte im Lehrbuch auf Seite 47.*
2. *Verwenden Sie Ihre Beobachtungsaufzeichnungen von einem Kind Ihrer Gruppe, z. B. von einer Sternstunde, und schreiben diesem Kind einen Entwicklungsbrief. Teilen Sie ihm seine Lernfortschritte mit und bestärken Sie sein erwünschtes Verhalten.*
3. *Lesen Sie ihm diesen Brief vor.*

Entwicklungsbericht über ein Kind aus meiner Praxisstelle

Lieber.../ Liebe...

Erledigt am: ____________________

2.7 Kritische Distanz beim Beobachten (Lehrbuch S. 53)

A

Aufgaben

1. *Lesen Sie im Lehrbuch auf S. 56 die Fragen, um kritische Distanz beim Beobachten und Auswerten zu gewinnen.*
2. *Tragen Sie in die folgende Tabelle ein, was Ihnen beim Beantworten der Fragen leicht und was Ihnen dabei schwerfällt.*

Ich übe mich in kritischer Distanz beim Beobachten und Auswerten von Beobachtungen:	
Was mir leicht fällt:	**Was mir schwerfällt:**

Erledigt am: ____________________

3 Grundlegende Bedürfnisse von Kindern

Grundwissen

Grundbedürfnisse
Bedürfnisgerechte Raum- und Lernortsgestaltung
Bedürfnisgerechter Tagesablauf
Ausgewählte Situationen und Bedürfnisse von Kindern in Tageseinrichtungen
Mädchen und Jungen
Kinder mit Entwicklungsrisiken
Besondere Lebenssituationen von Kindern
Kinder mit Hochbegabung
Kinder aus einem anderen Kulturkreis

Wenn Sie diese Aufgaben bearbeiten, können Sie folgende Kompetenzen erwerben:

- Sie nehmen das Verhalten von Kindern wahr.
- Sie beobachten die Stärken und Schwächen der Kinder.
- Sie erkennen unterschiedliche Lernwege und Entwicklungsverläufe der Kinder in der Gruppe.
- Sie erfassen Entwicklungsrisiken bei Kindern.
- Sie interpretieren, verstehen und bewerten Beobachtungsergebnisse.
- Sie erkennen die individuellen Bedürfnisse der Kinder.
- Sie erkennen die grundlegende Bedeutung der Bewegung für die Entwicklung und Gesundheit.
- Sie strukturieren den Tagesablauf Einzelner nach entwicklungsstärkenden Gesichtspunkten.

Beobachtungsbogen Kontakte

Während Ihres regelmäßigen Praktikums können Sie mithilfe des folgenden Beobachtungsbogens festhalten, welche Kinder miteinander in Kontakt treten, wie die Kontaktaufnahme verläuft, wie sich die Kinder verstehen und ob gemeinsame Spielideen entwickelt oder verfolgt werden.
Wenn Sie diese Beobachtung öfter wiederholen, ist eine Auswertung möglich, mit der Sie fundierte Aussagen über das beobachtete Verhalten der Kinder in Ihrer Gruppe treffen können.

Aufgabe **A**

Tragen Sie in die Liste Vornamen und Alter der Kinder ein (wie in Kapitel 1: Gruppenzusammensetzung in meiner Praxisstelle) und notieren Sie mit den entsprechenden Symbolen:

- *Wer ist mit wem in Kontakt getreten? (Mit X kennzeichnen)*
- *Gibt es Unsicherheiten in der Kontaktaufnahme? (Mit ? kennzeichnen)*
- *Wie verstehen sich die Kinder untereinander? (Mit + bzw. – kennzeichnen)*
- *Sind gemeinsame Spielideen vorhanden? (Mit S kennzeichnen)*

Web

Kontakte in meiner Gruppe

Vornamen	1	2	3	4	5	6	7	8	9	10	11	12
1												
2												
3												
4												
5												
6												
7												
8												
9												
10												
11												
12												
13												
14												
15												
16												
17												
18												
19												
20												
21												
22												
23												
24												

Vor-namen	13	14	15	16	17	18	19	20	21	22	23	24
1												
2												
3												
4												
5												
6												
7												
8												
9												
10												
11												
12												
13												
14												
15												
16												
17												
18												
19												
20												
21												
22												
23												
24												

Erledigt am: ______________________

3.1 Grundbedürfnisse (Lehrbuch S. 59)

A *Aufgabe*

Betrachten Sie Ihre Raumskizze von Kapitel 1 im Arbeitsheft (Spielorte der Kinder) und fertigen Sie nach diesem Muster eine Ihnen bekannte Raumaufteilung an für

a) Krippenkinder oder

b) Kindergartenkinder oder

c) Hortkinder (vgl. Beispiel im Lehrbuch S. 166).

Überlegen Sie mithilfe der Bedürfnispyramide von S. 61 (Lehrbuch), welche Bedürfnisse von Kindern Sie erkennen können und in welchen Bereichen des Raumes sie erfüllbar sind. Tragen Sie in die Skizze die jeweiligen Bedürfnisse ein.

Raumskizze von .... am: ....

3.2 Bedürfnisgerechte Raum- und Lernortsgestaltung

(Lehrbuch S. 62)

Sie können sich vergewissern, ob wichtige Bedürfnisse der Kinder Ihrer Einrichtung im Gruppenraum befriedigt werden können und ob die äußeren Bedingungen eine geeignete Lern- und Spielumgebung darstellen.

A

Aufgaben

1. *Lesen Sie im Lehrbuch ab S. 63 die kindlichen Bedürfnisse in Räumen und Spielbereichen nach und tragen Sie die entsprechenden Bedürfnisse in Ihre Tabelle ein.*
2. *Erörtern Sie im nächsten Schritt die Vor- und Nachteile der Lage der einzelnen Spielbereiche im Gruppenraum und machen Sie gegebenenfalls Vorschläge zur Verbesserung.*

Bedürfnisse von Kindern in den Spielbereichen meiner Praktikumsgruppe

Bereich im Raum/ Bedürfnisse	Vorteile + /Nachteile –	Vorschlag

Grundlegende Bedürfnisse in verschiedenen Räumen

A *Aufgaben*

1. *Wählen Sie in Ihrer Einrichtung drei Räume aus und kreuzen Sie an, welchen angegebenen kindlichen Bedürfnissen in diesem Raum entsprochen werden können.*
2. *Auch Mitarbeiterinnen haben entsprechende Bedürfnisse. Erfassen Sie diese und analysieren Sie den Mitarbeiterraum im Hinblick darauf.*
3. *Diskutieren Sie Ihre Ergebnisse in der Gruppe.*

Raum	Bedürfnisse	Vorschläge/Kommentare
Raum 1	Bewegung	
	Ruhe	
	Geborgenheit	
	Freiheit	
	Allein sein	
	Zusammen sein	
Raum 2	Bewegung	
	Ruhe	
	Geborgenheit	
	Freiheit	
	Allein sein	
	Zusammen sein	
Raum 3	Bewegung	
	Ruhe	
	Geborgenheit	
	Freiheit	
	Allein sein	
	Zusammen sein	

Erledigt am: ______________________

3.3 Bedürfnisgerechter Tagesablauf (Lehrbuch S. 67)

Neben den räumlichen Gegebenheiten bietet die bedürfnisgerechte Planung des Tagesablaufes den Kindern Voraussetzung zur Entfaltung ihrer Persönlichkeit. Immer wiederkehrende Tagesphasen, Rituale und sich wiederholende Tätigkeiten spielen dabei eine wichtige Rolle.

A

Aufgaben

1. *Schneiden Sie 20 gleichgroße Papierstücke zurecht (jeweils ca. 1 cm x 4 cm) auf die Sie jeweils eine Tätigkeit schreiben, die Sie den Tag über tun.*
2. *Ordnen Sie dann die beschrifteten Papierstücke nach dem Tagesablauf und kleben Sie diese auf die rechte Spalte der nachfolgenden Übersicht.*
3. *Kreuzen Sie fünf der für Sie wichtigsten Rituale, Vorlieben oder Gewohnheiten an.*
4. *Tauschen Sie Ihre Ergebnisse in der Gruppe aus und vergleichen Sie. (vgl. Freigang, 2009, S. 50 f.)*

Tagesgeschehen in meiner Praxisgruppe

Tagesphase	Tätigkeiten, Rituale, Gewohnheiten, Aktivitäten
Morgen	
Vormittag	
Mittag	
Nachmittag	
Abend	

Erledigt am: ______________________________

Der Stuhlkreis

In vielen Einrichtungen sind Sitzkreise in der Gruppe ein sich täglich wiederholendes Ritual. Bilden Sie sich eine Meinung über den Wert dieses Rituals.

A *Aufgabe*

Sammeln Sie die Vor- und Nachteile eines täglichen Stuhlkreises für die gesamte Gruppe zu den unten angegebenen Zeitpunkten und tragen Sie Ihre Ergebnisse in die Tabelle ein.

Zeitpunkt des Stuhlkreises	Vorteile + / Nachteile –	Eigene Erfahrungen
Runde am Morgen, zur Begrüßung		
Runde zum Abschluss, z. B. am Mittag		
Stuhlkreis am Nachmittag		

Erledigt am: ____________________

3.4 Ausgewählte Situationen und Bedürfnisse von Kindern

(Lehrbuch S. 71)

Die verschiedenen Bedürfnisse von Kindern können Sie durch aufmerksame Beobachtungen in Spiel- und Lebenssituationen des Alltags wahrnehmen. Sie verstehen spezifische Wünsche und Bedürfnisse von Jungen, von Mädchen, von Kindern mit Entwicklungsrisiken und von Kindern in besonderen Lebenssituationen usw.

Mädchen und Jungen in der Gruppe

Situation

Drei Jungen spielen in der Bauecke, Thomas (4 Jahre), Alexander (5 Jahre) und Hansi (6 Jahre). Sie bauen mit Eisenbahnschienen eine Steigung, die in einer Brücke endet. Auf der Steigung befinden sich drei Tiere, eine Schildkröte, ein Affe und ein Frosch. Oben an der Steigung stehen zwei Spielfiguren, das sind Zwerge. Dahinter steht ein Regal. Darauf steht nochmals eine Brücke und darauf befinden sich zwei Spielfiguren, zwei Männer. Die drei Jungen erklären, dass die Tiere, die sich an der Steigung befinden, dem Thomas gehören. Die zwei Zwerge gehören Alexander und Hansi gehören die zwei Männer da oben, die auf die Tiere und Zwerge aufpassen.

A

Aufgaben

1. *Welche Fakten können Sie dem Text entnehmen?*
2. *Zeichnen Sie die beschriebene Spielsituation.*
3. *Lesen Sie im Lehrbuch S. 72f. zur Entwicklung der Geschlechtsidentität im Spiel nach. Formulieren Sie Fragen zur Situation und beantworten Sie diese (Arbeitsblatt S. 52).*
4. *Auf welche soziale Rangordnung haben sich die drei Jungen Ihrer Meinung nach geeinigt?*

Skizze zur Spielsituation:

Erledigt am: ______________________

Fragen zur Spielsituation	Antworten

Meine Meinung zur sozialen Rangordnung der Jungen:

Erledigt am:

3.5 Kinder mit Entwicklungsrisiken (Lehrbuch S. 75)

A

Aufgaben

1. *Welche Entwicklungsrisiken von Kindern sind Ihnen bekannt?*
2. *Entwickeln Sie Fragen für ein Interview mit Ihrer Praxisanleitung über die Entwicklungsrisiken der Kinder.*

Ich kenne folgende Entwicklungsrisiken bei Kindern:

Web

Protokoll/Interview	
Thema:	
Beteiligte Personen:	
Datum/Uhrzeit/Ort:	
Fragen:	**Antworten:**

Was ich über Kinder mit Entwicklungsrisiken gelernt habe?

A

Aufgabe

Beobachten Sie Konfliktsituationen in Ihrer Praxiseinrichtung, die Sie als aggressiv empfinden und halten Sie diese in der folgenden Tabelle fest.

Web

Protokoll
Thema: Aggressive Konfliktsituation
Beteiligte Personen:
Datum/Uhrzeit/Ort:
Verlauf der Situation:
Meine Gedanken dazu:

3.6 Besondere Lebenssituationen von Kindern (Lehrbuch S. 105)

Lebenssituation: Scheidung der Eltern

A

Aufgabe

Verabreden Sie sich – nach Absprache mit Ihrer Praxisanleitung – mit einer kompetenten Person aus Ihrer Einrichtung zu einem Interview und befragen Sie diese über Beobachtungen bei Kindern aus Scheidungsfamilien und die möglichen Auswirkungen auf das Verhalten der betroffenen Kinder.
Erstellen Sie für das Interview einen Fragebogen.

Web

Protokoll/Interview	
Thema: Erfahrungen mit Kindern aus Scheidungsfamilien	
Beteiligte Personen:	
Datum/Uhrzeit/Ort:	
Fragen	**Antworten**
Was ich über Kinder aus Scheidungsfamilien gelernt habe:	

Lebenssituation: Kinder aus einem anderen Kulturkreis

Situation

Cem (3 Jahre) ist ein türkischer Junge. Er kommt in den Kindergarten und spricht kein Wort Deutsch. Er fällt auf durch aggressives Zuschlagen. Die Praktikantin Sabine beobachtet in der Bauecke Florian (4 Jahre) und Peter (4 Jahre), wie sie gerade mit Dinosauriern spielen und Cem, der vor der Bauecke steht und zuschaut. Sie hört folgendes Gespräch:

Florian: „Gell, wir sollen jetzt Dinosaurier sein und du bist der Fleischfresser."

Peter: „Ja, wir sollen im Wald sein und den Cem, den lassen wir nicht mitspielen. Der kann ja nicht einmal richtig reden."

Florian: „Gell, der ist blöd."

A *Aufgabe*

Erstellen Sie für diese Situation einen Plan für eine mögliche Vorgehensweise nach dem unten stehenden Handlungsregulationsschema. Sie können dieses Schema auf jede erforderliche Handlungssituation anwenden, die Sie aufgrund von eigenen Beobachtungen in Ihrer Einrichtung machen.

Web

Handlungsregulationsschema	
1. Das Problem, die Situation erfassen	
2. Das Problem analysieren	
3. Ziele formulieren	
4. Planen	
5. Durchführen	
6. Evaluieren, bzw. reflektieren	

Erledigt am: ____________________

4 Spiel

Grundwissen

Die Bedeutung des Spiels für die kindliche Entwicklung
Im Spiel entwickelt das Kind Handlungskompetenz
Spielen ist die Lebensform des Kindes
Spielformen
Das Freispiel
Pädagogisches Verhalten im Freispiel
Die Bedeutung des Freispiels für das Kind
Pädagogische Begleitung des Freispiels in den einzelnen Phasen
Organisation und Planung

Wenn Sie diese Aufgaben bearbeiten, können Sie folgende Kompetenzen erwerben:

- Ihre eigene Spielbiografie erfassen.
- Das Spielverhalten von Kindern und ihre Vorlieben dabei wahrnehmen und kennenlernen.
- Das Spielverhalten der Kinder bezüglich ihrer Entwicklung verstehen und bewerten.
- Auswahl und Einsatz von Spielen und Spielmaterial auf die Kinder abstimmen und dazu
- didaktische und methodische Entscheidungen treffen.
- Pädagogische Grundsätze Ihres erzieherischen Verhaltens beim Spielen bzw. bei der Freispielbetreuung beachten und reflektieren.

4.1 Eigene Spielerfahrungen

Die eigenen Erfahrungen prägen unser Verhalten und unsere pädagogischen Handlungen. Darum ist es hilfreich, sich diese immer wieder bewusst zu machen. Gerade beim Spiel mit Kindern werden Sie häufig an eigene, weit zurückliegende Erlebnisse, Vorlieben und Abneigungen erinnert. Manchmal fühlen Sie sich in ein Stück Vergangenheit zurückversetzt.

Mein schönstes Spiel – mein schönstes Spielzeug

A *Aufgabe*

Erinnern Sie sich an Ihr beliebtestes Spiel oder Spielzeug. An welches Spielzeug oder welches Spiel, das Sie in Ihrer Kindheit zur Verfügung hatten, erinnern Sie sich besonders gerne oder besonders gut?
Zeichnen Sie eine Situation, in der Sie mit diesem Spielzeug gespielt haben. Betrachten Sie Ihre Zeichnungen gegenseitig und tauschen Sie Ihre Erfahrungen aus.

Erledigt am: ______________________

Lieblingsspiele

A

Aufgaben
1. *Tragen Sie Ihre Lieblingsspiele in die linke Spalte ein und vergleichen Sie diese mit der Ihrer Mitschüler/innen.*
2. *Fragen Sie Ihre Eltern, welches deren Lieblingsspiele waren und tragen Sie diese in die rechte Spalte ein.*
3. *Vergleichen Sie in der Gruppe, ob es Übereinstimmungen gibt.*

Meine Lieblingsspiele	Lieblingsspiele meines Vaters/meiner Mutter

Meine Gedanken dazu:

Erledigt am: ______________________________

4.2 Spielmaterial (Lehrbuch S. 119)

A *Aufgabe*
Überlegen Sie, mit welchen drei Lieblingsspielsachen Ihrer Kindheit Sie welche Erfahrungen gemacht haben.

Meine Spielerfahrungen

Spielzeug/Alter	Was habe ich damit gespielt?	Erfahrungen dabei/Kommentar dazu

Erledigt am: ____________________

Spielmaterial auswählen

Werden Sie sich darüber bewusst, wie Ihre eigenen Spielerfahrungen in die Auswahl der Spielmaterialien fließen, die Sie Kindern gerne zur Verfügung stellen.

Aufgabe

Welches dieser Spielmaterialien möchten Sie besonders gerne Kindern zur Verfügung stellen? Gehen Sie dabei auf verschiedene Altersstufen ein. Begründen Sie Ihre Meinung.

A

Persönliche Auswahlliste des Spielmateriales für die Kinder meiner Praxisgruppe

Spielmaterial, was?	Begründung, warum?

Erledigt am: ____________________

Bedürfnisgerechtes Spielmaterial zur Verfügung stellen

Versuchen Sie, die gemachten Beobachtungen über Kinder als Grundlage für die folgende Aufgabenstellung zu nehmen.

A *Aufgabe*

Schneiden Sie aus einem Katalog Bilder von Spielmaterial für drei Kinder Ihrer Gruppe aus und kleben Sie diese ein.

Spielmaterial gezielt für Kinder bereitstellen

Vorname/Alter	Spielmaterial (Bild)	Begründung

Erledigt am: ____________________

Spielumgebung gestalten

Die Herstellung einer geeigneten und anregenden Spielumgebung hat einen erheblichen Einfluss auf das Spiel der Kinder in der Gruppe. Betrachten Sie diese kritisch:

A

Aufgabe

Erkunden Sie die Spielbereiche im Gruppenraum Ihrer Praxisgruppe mit dem dazugehörigen Spielmaterial und ergänzen Sie die folgende Tabelle:

Spielbereiche der Einrichtung

Spielbereich	Material	Geltende Regeln mit eigenem Kommentar

Erledigt am: ______________________

Das ideale Spielgelände (Lehrbuch S. 145)

Lassen Sie Ihrer Kreativität freien Lauf und gestalten Sie nach Herzenslust.

A *Aufgabe*

Zeichnen Sie einen Entwurf: Das ideale Spielgelände für meine Gruppe. Kleben Sie aus Katalogen Spielgeräte und Spielbereiche ein.

Meine Vorstellungen vom idealen Spielgelände

Erledigt am: ____________________

4.3 Die verschiedenen Spielformen und Spielerfahrungen

(Lehrbuch S. 122 ff.)

A

Aufgabe

Verschaffen Sie sich einen Überblick über Spielmaterialien, mit denen die Kinder Ihrer Gruppe probieren und forschen, gestalten und konstruieren, verschiedene Rollen darstellen, sich bewegen, nach vorgegebenen Regeln spielen.

Spielform	Spielmaterial/Alter	Erfahrungen
Probieren und Forschen		
Gestalten und Konstruieren		
Bewegen		
Darstellendes Spiel		
Regelspiele		

Erledigt am: ______________________

Eine Sammlung von Spielen und Spielanleitungen anlegen

A *Aufgabe*

Erstellen Sie für Ihre Praxissammlung Spielanleitungen zu den folgenden Spielformen:
Probieren und Forschen, Gestalten und Konstruieren, Bewegen, Darstellende Spiele, Regelspiele mit folgenden Angaben:
Inhalt und Spielzubehör, Altersangabe und Anzahl möglicher Mitspieler, genaue Beschreibung des Spielablaufs, dazugehörende Spielregeln, Ziel des Spiels, mögliche Variationen und besondere Spielhinweise.
Tauschen Sie die Spielanleitungen in der Klasse aus.

Web

Spielanleitung	
Name des Spiels:	**Spielform:**
Alter:	**Anzahl der Spieler:**
Ziele: Spielvorbereitung und Material: Durchführung: Weitere Ideen und Varianten:	

Regelspiele in meiner Praxiseinrichtung (Lehrbuch S. 134)

A *Aufgabe*

Wählen Sie fünf beliebte Regelspiele Ihrer Einrichtung aus und machen Sie sich bewusst, welche Kompetenzen beim Spielen dieser Spiele erlangt werden und welche Beobachtungen und Erfahrungen Sie damit schon gemacht haben. Füllen Sie die folgende Tabelle aus.

Web

Regelspiele

Regelspiel, Alter, Anzahl der Mitspieler	Kompetenzförderung	Beobachtungen und eigene Erfahrungen

4.4 Das Freispiel (Lehrbuch S. 147)

Sie kennen die einzelnen Spielbereiche Ihrer Praxiseinrichtung mit den dort geltenden Regeln und Sie wissen, welche Lernerfahrungen die Kinder in den einzelnen Bereichen machen können. Um die Kinder dabei zu unterstützen, haben Sie in jedem Spielbereich unterschiedliche Aufgaben.

A

Aufgabe
Stellen Sie alle Spielbereiche Ihrer Gruppe zusammen und fertigen Sie für jeden Spielbereich eine Übersicht mit folgenden Inhalten:
Beobachtbares Verhalten – Organisatorische Aufgaben – Fördermöglichkeiten – Pädagogische Grundsätze

Rollenspielbereich	Datum:
Beobachtbares Verhalten	Organisatorische Aufgaben
Fördermöglichkeiten	Pädagogische Grundsätze

Bau-/Konstruktionbereich	Datum:
Beobachtbares Verhalten	Organisatorische Aufgaben
Fördermöglichkeiten	Pädagogische Grundsätze

Mal-/Kreativbereich	Datum:
Beobachtbares Verhalten	Organisatorische Aufgaben
Fördermöglichkeiten	Pädagogische Grundsätze

Gesellschaftsspielbereich	Datum:
Beobachtbares Verhalten	Organisatorische Aufgaben
Fördermöglichkeiten	Pädagogische Grundsätze

Weiterer Bereich	Datum:
Beobachtbares Verhalten	Organisatorische Aufgaben
Fördermöglichkeiten	Pädagogische Grundsätze

Zeit zur Kontaktaufnahme im Freispiel

Die Kontaktaufnahme zu den Kindern ist eine zentrale Aufgabe der Freispielbegleitung. Reflektieren Sie, wie es Ihnen am besten gelingt, diese Aufgabe wahrzunehmen.

A *Aufgabe*

Erinnern Sie sich an drei Situationen im Praktikum, bei denen es Ihnen gelungen ist, Kontakt mit einem Kind aufzubauen. Warum waren Sie so erfolgreich?

Meine Kontaktaufnahme im Freispiel

Situationsbeschreibung	Warum ist mir das gelungen?
1.	
2.	
3.	

Erledigt am: ______________________

Das Freispiel ist Zeit für Zuwendung, Anerkennung und Wertschätzung

Bei allen Ihren Aufgaben im Freispiel spielt die positive Zuwendung zum Kind und der Ausdruck von Anerkennung und Wertschätzung eine bedeutende Rolle.

A

Aufgabe

Überlegen Sie zehn Möglichkeiten, Zuwendung, Anerkennung und Wertschätzung dem Kind gegenüber auszudrücken.

Zuwendung, Anerkennung, Wertschätzung zum Ausdruck bringen:

1. ______________________________

2. ______________________________

3. ______________________________

4. ______________________________

5. ______________________________

6. ______________________________

7. ______________________________

8. ______________________________

9. ______________________________

10. ______________________________

Erledigt am: ______________________________

Begleitung eines Kindes während des Freispiels

A *Aufgabe*

Beurteilen Sie das Verhalten der Praktikantin Julia im Freispiel im folgenden Fallbeispiel mit einem Kreuz in einer der letzten vier Spalten der Tabelle. Begründen Sie jeweils, warum Sie diese Beurteilung abgeben. Julia soll sich heute, nach Absprache mit ihrer Praxisanleiterin, besonders um den erst vor Kurzem in die Kita gekommenen dreijährigen Jannis kümmern.

Fallbeispiel: Julia begleitet Paul

	Wertung			
Situation	++	+	–	––
1. Als Julia Paul und seinen Vater in der Türe stehen sieht, steht sie von ihrem Platz auf, lächelt Paul an, begrüßt ihn und reicht ihm die Hand.				
Grund:				
2. Julia nimmt Paul an der Hand und geht mit ihm zum Bauteppich				
Grund:				
3. Paul möchte die Holzklötze aus der Kiste ausräumen. Julia sagt: „Pass auf, dass du die Steine nicht auf deinen Fuß schüttest."				
Grund:				
4. Paul legt einen Klotz an den anderen, sodass eine Linie entsteht. Julia schaut in der Zwischenzeit zu Jannis, der in der anderen Ecke des Bauteppichs einen hohen Turm baut. Sie fragt Jannis, was er denn da baut. Er erzählt, dass er das Ulmer Münster baut, das sei ganz hoch. Julia hört zu und schaut genau hin und regt ihn an, den Turm oben schmäler werden zu lassen.				
Grund:				
5. Paul ist mittlerweile fertig mit seinem Werk. Julia schaut es gemeinsam mit ihm an. Julia fragt, was er denn da gebaut habe.				
Grund:				

Situation	Wertung ++	+	–	– –
6. Paul zuckt mit den Schultern und sagt, er habe heute eine Butterbrezel dabei. Julia fragt Paul, ob er Hunger habe.				
Grund:				
7. Paul nickt mit dem Kopf und Julia begleitet Paul an den Frühstückstisch.				
Grund:				
8. Während des Frühstücks erzählt Paul von seinem gestrigen Besuch bei der Oma. Julia hört aufmerksam zu und fragt, was er denn mit der Oma gemacht habe.				
Grund:				
9. Von ihrem Platz aus beobachtet Julia, dass die Kinder am Spieltisch das begonnene Spiel abbrechen möchten, obwohl es noch nicht fertig gespielt wurde. Sie weiß nicht genau, ob das erlaubt ist, und teilt deshalb der Erzieherin ihre Beobachtung sofort mit.				
Grund:				
10. Nach dem Frühstück zeigt Julia Paul, wie das Geschirr abgespült wird, und fordert ihn auf, es selbst zu versuchen.				
Grund:				
11. Als das Aufräumlied von der Erzieherin angestimmt wird, weil das Freispiel beendet ist, hilft Julia den Kindern beim Aufräumen. Einigen Kindern zeigt sie, wo bestimmte Spielsachen hingehören.				
Grund:				

Erledigt am: ______________________________

5 Bildungsprozesse begleiten

Grundwissen

Das Bild vom Kind
Die pädagogische Fachkraft ist Entwicklungsbegleitung
Die neue Erzieherrolle
Kindliche Bildungsprozesse begleiten und unterstützen
Konzeptionen und Bildungsschwerpunkte

Wenn Sie diese Aufgaben bearbeiten, können Sie folgende Kompetenzen erwerben:

- Sie strukturieren Ihre persönlichen Lernprozesse.
- Sie erkennen unterschiedliche Lernwege von Kindern.
- Sie überblicken Entwicklungsverläufe.
- Sie interpretieren, verstehen und bewerten Beobachtungsergebnisse.
- Sie beobachten die Fähigkeiten und Grenzen der Kinder.
- Sie unterstützen und begleiten kindliche Bildungsprozesse.

Entwicklungs- und Bildungsweg

Fragen Sie vorbereitend Ihre Eltern und Geschwister und betrachten Sie Fotos aus Ihrer Kindheit, um die folgende Aufgabenstellung zu bearbeiten. Kleben Sie hier Ihr Lieblingsfoto ein.

A *Aufgabe*

Zeichnen Sie Ihren persönlichen Entwicklungs- und Bildungsweg. Beginnen Sie mit Ihren ersten bewussten Erinnerungen und zeichnen Sie einen Weg, auf dem zu ersehen ist, was Sie wann gelernt haben.

Mein Bildungsweg mit Hürden und Erfolgen

Erledigt am: ____________________

5.1 Das Bild vom Kind (Lehrbuch S. 172)

Die Vorstellungen über Kinder haben sich in der Vergangenheit ständig geändert. Tauschen Sie sich mithilfe der nächsten Aufgabe über Ihre Haltungen und Einstellungen gegenüber Kindern aus.

A *Aufgabe*

Sammeln Sie viele verschiedene Bilder von Kindern in unterschiedlichen Altersstufen, es können auch eigene Kinderbilder von Ihnen dabei sein. Betrachten Sie die Bilder aufmerksam und greifen Sie sich eines heraus. Überlegen Sie sich die unten stehenden Fragen zu diesem Kind.

Werden Sie sich bei der Auswertung in der Gruppe darüber bewusst, welche Sichtweisen auf Kinder und Erziehung in Ihrer Gruppe deutlich werden.

Mein Bild vom Kind

Dieses Kind löst folgende Erinnerungen in mir aus:
Dabei habe ich folgende Gefühle:
Ich habe folgenden Eindruck von dem Kind:
An dem Kind ist mir sympathisch (vielleicht auch nicht sympathisch):
Dieses Kind erinnert mich an andere Kinder:
Mir persönlich gefallen Kinder besonders gut, die …:
Was mir über meine eigenen Eindrücke bewusst wird:

Erledigt am: ____________________

5.2 Die pädagogische Fachkraft ist Entwicklungsbegleitung

(Lehrbuch S. 176)

Das Kind trifft wesentliche Entscheidungen für sein eigenes Lernen und bildet sich somit selbst. Dies ist zum Teil von Anfang an möglich. Einige Entscheidungen kann das Kind erst nach einer gewissen Eingewöhnungszeit treffen. Und dann gibt es Entscheidungen, die nur die Pädagogin treffen kann.

A

Aufgabe

Erforschen Sie, welche Entscheidungen Kinder in Ihrer Praxisgruppe selbstständig treffen, welche Entscheidungen Kinder erst nach der Zeit der Eingewöhnung und Sicherheit treffen können und welche Entscheidungen Pädagoginnen selbst treffen müssen?

Lernentscheidungen	
Entscheidungen, die Kinder von Anfang an treffen.	
Entscheidungen, die Kinder nach der Eingewöhnungszeit treffen.	
Entscheidungen, die Pädagoginnen selbst treffen.	

Erledigt am: ____________________

5.3 Voraussetzungen zum Lernen (Lehrbuch S. 173)

Erfolgreiche Lern- und Bildungsprozesse sind nur unter bestimmten Voraussetzungen möglich. Frei nach dem Motto „Ein leerer Bauch studiert nicht gut“ wissen Sie, dass Menschen nur dann aufnahmebereit für Neues sind, wenn ihre Grundbedürfnisse erfüllt sind.
Ob der Gruppenraum Möglichkeiten zur Erfüllung grundlegender Bedürfnisse bietet, können Sie beobachten.

A *Aufgabe*
Erforschen Sie Ihren Gruppenraum und finden Sie heraus, welche Grundbedürfnisse für das kindliche Lernen erfüllt werden.

Die drei Grundbedürfnisse für das Lernen

Grundbedürfnisse	Wo ist das möglich?	Wie kann das von der Pädagogin unterstützt werden?
Selbstbestimmt arbeiten können:		
Erfahrungen mit der eigenen Kompetenz machen:		
Soziale Eingebundenheit erleben:		

Erledigt am: ______________________

5.4 Kindliche Bildungsprozesse begleiten und unterstützen

Bildungsprozesse im Hort erkennen und begleiten (Lehrbuch S. 177)

Besonders im Hort besteht die Gefahr, dass sich Probleme häufen. Bereits im Schulkindalter wird von Hortkindern vieles abverlangt: Familiäre Krisen, Verlust des Elternteils durch Scheidung und damit verbundene Anpassungsleistungen beim Wohnungswechsel, Schulwechsel und Verlust des Freundeskreises. Berufstätige Eltern, die täglich durch die Mehrfachbelastung Berufstätigkeit, Kindererziehung und Versorgungsarbeit im Haushalt Schwerstarbeit leisten, erziehen oft genug mit schlechtem Gewissen und setzen nicht die notwendigen Grenzen. Für Familien mit Kindern steigt in letzter Zeit das Armutsrisiko rapide. Verzicht und materielle Einschränkungen bei Kleidung, Ausflügen, Lern- und Spielgelegenheiten sind die Folge.
Diese Hintergründe sollten jedem Horterzieher bewusst sein, wenn er die Bildungsprozesse begleitet.

A

Aufgabe
Markieren Sie in folgendem Beispiel die Stellen, bei denen Sie vermuten, dass sich bei den Kindern Bildungsprozesse abspielen.
Notieren Sie daneben was die einzelnen Kinder erleben, bezüglich: Miteinander spielen – Helfen – Neues lernen – Aufgaben lösen – Körperkontakt haben – Konflikte austragen.

Beispiel aus dem Hortalltag
Beobachtungen über das Teekochen während des Frühdienstes, die sich über eine ganze Woche jeweils von sieben bis acht Uhr erstreckten.

Situation	Notizen
Montag Sabine (8.1 Jahre) will Manuel (6.10 Jahre) zeigen, wie der Frühstückstee gekocht wird. Für sie ist es das erste Mal, sie hat Erfahrungen von zu Hause. Sie geht planvoll vor, lässt jedoch Manuel wenig Raum. Auch für Manuel ist es das erste Teekochen, er versucht Sabine zu imitieren.	
Dienstag Josef (9.3 Jahre) und Sabine (8.1 Jahre) wollen Andrea (7.10 Jahre) das Teekochen zeigen. Für Andrea ist es schwierig, sich einzubringen, weil Sabine möglichst alles selber machen möchte. Josef ist zurückhaltender. Zum Schluss bemerkt Andrea eine Lücke, die sie für sich nutzt. Sie trägt die Kanne mit dem fertigen Tee auf den Brotzeittisch.	

Mittwoch Andrea weiß heute, welche Aktionen für das Teekochen notwendig sind und setzt sich gegenüber Sabine durch, die ihr ein Gutteil der Handgriffe überlässt. Sabine kann heute gelassener reagieren, Andrea einen Teil des Teekochens zu überlassen. Sie gießt das kochende Wasser selbstständig in die Kanne (Anm.: kochendes Wasser bis dahin nur mit Unterstützung der Erzieherin). Beide Kinder entdecken, dass Wassertropfen am Kesselboden auf der heißen Platte ein krachendes Geräusch ergeben.	
Donnerstag Josef möchte um 7.00 Uhr gleich mit Andrea Tee kochen. Josef lässt Andrea teilnehmen: Einsetzen des Teesiebs, Aussuchen und Einfüllen der Teesorte, Füllen des Kessels mit Wasser, Ausgießen des kochenden Wassers, Ziehenlassen des Tees, Tragen auf Esstisch, wo gleich davon getrunken wird. Andrea trägt den Rest des gestrigen Tees als sehr wertvoll auf den Esstisch, wo er von den übrigen Kindern umgehend getrunken wird. Andrea fühlt sich beim Zubereiten des heutigen Tees als gleichberechtigt. Stolz, den übrigen Kindern etwas Gutes zu tun. Josef möchte mit Andrea Klipp-Klapp spielen. Andrea freut sich, macht sich lautstark bemerkbar, wenn sie denkt, nicht zu ihrem Recht zu kommen.	
Freitag Richie (9.11 Jahre), der schon um 7.15 Uhr zum Schulbus gehen muss, möchte heute endlich auch einmal Tee kochen und zwar mit Dietrich (6.11). Er gibt Dietrich den Auftrag: „Du passt auf den Kessel auf". Er erledigt selbst alles andere, wobei er sich von Andrea helfen lässt. Dietrich ist mit seinem Auftrag, den Kessel zu bewachen, zufrieden und führt ihn gewissenhaft durch. Andrea übernimmt Aufgaben, ohne zu fragen, wird akzeptiert, ist inzwischen eine erfahrende Teekocherin. Dietrich möchte mit Josef Klipp-Klapp spielen, kommt gut damit zurecht, freut sich und ist stolz. Josef spielt mit Dietrich Klipp-Klapp und weist ihn in alle Tricks ein. Daneben kümmert er sich um Andrea und Laura, die Labyrinth spielen, aber auch ohne ihn zurechtkommen müssen.	

(vgl. Niesel/Griebel, 2000, S. 134 f.)

Erledigt am: ____________________

A *Aufgabe*

Betrachten Sie das Schaubild im Lehrbuch auf S. 177. Überlegen Sie Beispiele, die zeigen, wie Sie Bildungsprozesse bei Hortkindern und jüngeren Kindern begleiten und unterstützen können.

Bildungsprozesse von Kindern in Krippe, Kindergarten und Hort begleiten und unterstützen

Bildungsprozess:	Beispiel	Alter
Bildungsprozesse kooperativ gestalten		
Mit Kindern philosophieren		
Kindern zuhören und sie ermuntern, Fragen zu stellen		
Bildung in der lernenden Gemeinschaft		
Kindliches Verhalten unterstützen und verstärken		
Problemlösendes Verhalten stärken		
Kindern Hilfestellung geben		
Aufgaben gemeinsam analysieren		

Erledigt am: ______________________

5.5 Konzeption und Bildungsschwerpunkte (Lehrbuch S. 182)

A

Aufgabe

Machen Sie sich ein Bild davon, wie in Ihrer Praxiseinrichtung Bildung von Kindern gesehen wird. Überlegen Sie sich drei Fragen, mit denen Sie ermitteln können, welche Formen von Bildung und Lernen bevorzugt werden. Benutzen Sie dazu den Text von Kapitel 5.3, im Lehrbuch S. 182f.

Bildungsschwerpunkte der Einrichtung

Frage	Antwort

Erledigt am: ______________________________

6 Erzieherisches Handeln

Grundwissen

Gezielte Aktivitäten planen und durchführen
Die Auswahl der Kinder und die Zusammensetzung der Zielgruppe
Lernziele bestimmen
Themen finden und den Lerngegenstand analysieren
Methodische Grundsätze anwenden
Die Materialauswahl treffen
Den Verlauf planen
Gezielte Aktivitäten schriftlich vorbereiten
Die gemeinsame Runde planen
Projekte gestalten
Merkmale und Wert von Projekten kennen
Projektverlauf planen
Beispiel für ein Projekt zum Bildungsschwerpunkt „Religiosität" kennenlernen
Erzieherisches Handeln reflektieren

Wenn Sie diese Aufgaben bearbeiten, können Sie folgende Kompetenzen erwerben:

- Sie stimmen Lernziele auf Kinder ab.
- Sie unterscheiden Lernziele von Basiskompetenzen.
- Sie erfassen Interessen von Kindern und finden geeignete Themen.
- Sie setzen sich mit geeigneten Lernmaterialien auseinander.
- Sie strukturieren Lernprozesse von gezielten Aktivitäten und gemeinsamen Runden.
- Sie können Projekte planen.

Erzieherisches Handeln planen (Lehrbuch S. 185)

Wenn die abenteuerliche Reise der Erziehung angetreten wird, überlegt die „Reiseleitung":

- Wo will ich hin? Wie schnell fahre ich? Was muss ich für mich mitnehmen?
- Wer fährt mit? Wen nehme ich mit?
- Was hat dieses Kind für Vorlieben, Stärken, Schwächen, Probleme?
- Was braucht dieses Kind für die Reise?
- Wo ist sein Platz? Wo ist mein Platz?
- Was soll es auf der Strecke kennenlernen, wie kann es aktiv werden: allein, mit einem Freund, in der Kleingruppe oder mit allen zusammen?
- Welche Probleme könnten sich bei der Fahrt ergeben?
- Welche Strecke muss ich fahren, sodass alle Kinder das haben, was ihnen Spaß macht? Welche Haltestellen brauche ich?
- Wo hole ich das einzelne Kind ab? Was braucht es auf der Strecke?
- Wann muss es spätestens wieder zurück sein?

6.1 Gezielte Aktivitäten planen und durchführen (Lehrbuch S. 187)

Zielgruppen und Lernziele definieren

A *Aufgabe*

Fragen Sie Ihre Praxisanleitung, bzw. überlegen Sie, welche Lernziele in Ihrer Gruppe bzw. bei einzelnen Kindern angestrebt werden und legen Sie eine Übersicht an.
(Vergleichen Sie mit den Lernzielen auf S. 188 im Lehrbuch.)

Welche Lernziele werden bei einzelnen Kindern verfolgt?

Lernziele	Kinder
Fertigkeiten Handlungsabläufe werden geübt und beherrscht	Apfel schneiden
Fähigkeiten in den Bereichen: Sprache, Wahrnehmung, Konzentration Gedächtnis	
Erkenntnisse und Wissen „Aha-Erlebnisse"	
Einstellungen und Haltungen aufgrund von Wissen, sinnvolle Handlungen ableiten	

Erledigt am: ____________________

A

Aufgabe

Unterscheiden Sie zwischen Basiskompetenz, Grobziel und Feinzielen und finden Sie praktische Beispiele dazu. (Vergleichen Sie mit dem Beispiel im Lehrbuch auf S. 189.)

Ziele und Kompetenzen unterscheiden (Lehrbuch S. 189)

Basiskompetenz ↓	Kognitive Kompetenzen
Grobziel ↓	Differenzierte Wahrnehmung
Feinziele	• • •

Basiskompetenz ↓	Physische Kompetenzen
Grobziel ↓	Grob- und feinmotorische Kompetenzen
Feinziele	• • •

Basiskompetenz ↓	Soziale Kompetenzen
Grobziel ↓	Kommunikationsfähigkeit
Feinziele	• • •

Basiskompetenz ↓	Entwicklung von Werten
Grobziel ↓	Unvoreingenommenheit
Feinziele	• • •

Themen finden Buch (Lehrbuch S. 192)

Kinder sind kleine Forscher und Entdecker und interessieren sich für viele Dinge. Es sollte Ihnen gelingen, ihre Interessen zu erspüren und zu wissen, welche Themen sie beschäftigen und was sie gerne tun. Dann können Sie geeignetes Material zur Verfügung stellen und damit notwendige Voraussetzungen für Lernen und Bildung schaffen.

A *Aufgabe*

Verschaffen Sie sich ein Bild davon, wofür sich die Kinder in Ihrer Praxisstelle interessieren. Dies können Sie auf mehrerlei Weise erreichen. Sie beobachten die Kinder in ihrem Spiel, sie fragen sie zusätzlich und sie befragen Ihre Praxisanleiterin dazu. Sammeln Sie Praxisideen, mit denen Sie diese Themen aufgreifen und bearbeiten können.

Themensammlung

Themenbereich	Themen	Praxisidee: (z. B. Bilderbuch, Erzählung, Lied, Experiment, Gesprächsthema)
Natur und Tiere		
Technik und Forschen		
Soziales Miteinander		
Kreatives		
Philosophisches		
Bewegung und Musik		

Erledigt am: ______________________

Materialauswahl treffen (Lehrbuch S. 196)

Das Denk- und Vorstellungsvermögen der Kinder durch unmittelbare Sinneswahrnehmungen zu unterstützen und Zusammenhänge zu veranschaulichen: Dieses Ziel wird bei jeder Materialauswahl angestrebt. Je vielfältiger der Lerngegenstand wahrgenommen werden kann, umso mehr werden Sie dem ganzheitlichen kindlichen Lernen gerecht.

A

Aufgabe

Sammeln Sie zu aktuellen Themen Ideen, womit Sie Lerngegenstände lebendig vermitteln können. Bevorzugen Sie Gegenstände, bzw. Veranschaulichung, die von den Kindern über mehrere Sinneskanäle erfassbar sind und bei denen sie tätig werden können.

Ideensammlung zur Veranschaulichung von Themen

Thema	Veranschaulichung durch Material und auch durch Handlungen	Sehen	Hören	Riechen	Schmecken	tasten	handeln
z. B. Streit	z. B. Handpuppen, die sich um etwas streiten	x	x	–	–	x	x

Erledigt am: ______________________

6.2 Gezielte Aktivitäten schriftlich vorbereiten (Lehrbuch S. 198)

Den Verlauf planen

Es erfordert Übung, den Verlauf für gezielte Aktivitäten zu planen und diese Planung schriftlich festzuhalten. Unterscheiden Sie zunächst die einzelnen Arbeitsschritte einer Aktivität und ordnen Sie im zweiten Schritt die erforderlichen methodischen und pädagogischen Überlegungen zu.

A

Aufgabe

- *Wählen Sie ein Thema aus, das Sie als gezielte Aktivität bearbeiten möchten. Legen Sie sich genug Karten, z. B. in gelb und grün zurecht (z. B. Große DIN A 6).*
- *Schreiben Sie auf die grünen Kärtchen alles auf, was Sie zu tun beabsichtigen, und zwar jeweils einen Schritt auf ein Kärtchen. Auf die gelben Kärtchen schreiben Sie, wie Sie dabei vorgehen möchten, welche pädagogischen Überlegungen Sie dabei haben. Benutzen Sie dazu die methodischen Grundsätze zum jeweiligen Angebot.*
- *Legen Sie dann die grünen Kärtchen in der Reihenfolge untereinander, in der Sie vorgehen möchten, und nummerieren Sie diese durch. Die gelben Kärtchen ordnen Sie dem jeweiligen Arbeitsschritt zu.*
- *Wenn Sie mit Reihenfolge und Zuordnung zufrieden sind, haben Sie Ihre Verlaufsplanung fertig und können sie in die Tabelle eintragen.*

Verlaufsplanung

Arbeitsschritte	Methodische, pädagogische Hinweise

A

Aufgabe

Bereiten Sie die gezielten Aktivitäten, die Sie in Ihrer Praxiseinrichtung durchführen, nach der folgenden Gliederung vor. Die Erläuterungen dazu finden Sie im Lehrbuch auf S. 203 bis 204.

Web

Planung / Aktivität	
Gezielte Aktivität am: ____________________	
Thema:	
1. Didaktische Planung	
1.1 Auseinandersetzung mit dem Lerngegenstand und Rahmenbedingungen	
1.2 Zusammensetzung der Gruppe	
1.3 Lernziele	
2. Methodische Planung	
2.1 Vorbereitung	
2.2 Raumgestaltung – Sitzordnung – Zeit	
2.3 Material	
2.4 Verlaufsplanung	
Einstieg	
Hauptteil	
Arbeitsschritte	Methodische und pädagogische Hinweise
Abschluss	
Datum und Unterschrift der Praxisanleiterin:	

Die Planung überprüfen (Lehrbuch S. 204)

A *Aufgabe*

Wenn Sie Ihre pädagogische Aktivität geplant haben, überprüfen Sie mithilfe der Checkliste, ob das Wichtigste bedacht ist.

Web

Checkliste für die Planung einer pädagogischen Aktivität

Fragestellung	ja	nein
Ist das Thema an den Erfahrungen und Interessen der Kinder orientiert?		
Habe ich genug eigenes Wissen und Erfahrungen zum Thema?		
Habe ich klare Ziele gesteckt?		
Sind alle nötigen Vorbereitungen und Absprachen getroffen?		
Wurden alle Planungsbestandteile berücksichtigt?		
Habe ich mir den Ablauf geistig vor Augen geführt?		
Habe ich mögliche Schwierigkeiten einkalkuliert?		
Habe ich evtl. ein Ablauf-Plakat gegenüber an der Wand vorbereitet?		
Haben die Kinder genügend Handlungsmöglichkeiten?		
Sind unterschiedliche Sinneseindrücke möglich?		
Wird dem anschaulichen Denken genug Rechnung getragen?		
Können die Kinder genügend aktiv sein?		
Sind die Worte für den Einstieg formuliert?		
Kann ich den Kindern den Ablauf genügend transparent machen?		
Habe ich die Worte für den Abschluss formuliert?		

6.3 Erzieherisches Handeln reflektieren (Lehrbuch S. 212)

A

Aufgabe

Nachdem die Aktivität mit den Kindern durchgeführt wurde, werfen Sie einen Rückblick auf die durchgeführte Tätigkeit unter Einbezug verschiedener Aspekte, um sich über eigene Stärken und Schwächen bewusst zu werden und aus Fehlern zu lernen.

Web

Reflexion der gezielten Aktivität
Welche Beobachtungen konnte ich bei einzelnen Kindern machen?
Welche Folgerungen habe ich aus den Beobachtungen gezogen, wie habe ich gehandelt?
Welche Ziele habe ich verfolgt/erreicht?
Wie beurteile ich mein methodisches und pädagogisches Vorgehen?
Was würde ich nach meinen jetzigen Erfahrungen beim nächsten Mal ändern?

Erledigt am: ______________________

6.4 Die gemeinsame Runde planen (Lehrbuch S. 205)

Bei der Planung und Durchführung einer gemeinsamen Runde mit der gesamten Gruppe werden folgende Punkte beachtet:

Der Ablauf
wird nach dem in der Einrichtung bekannten Ritual geplant (falls vorhanden) und durchgeführt. Wenn etwas neu eingeführt wird, wird es methodisch durchdacht und schrittweise geplant.

Gruppenleitung
Die Gruppe wird als Ganzes überblickt. Dabei wird Hilfestellung zur Integration einzelner Kinder angeboten. Kinder, die sich in der großen Gruppe noch nicht so wohl oder sicher fühlen, bekommen Gelegenheit zum Zuschauen. Störungen werden in positiver Form bearbeitet.

Aktivität
Wünsche der Kinder werden einbezogen, ohne die klare und sichere Struktur aufzugeben (z. B. Regel für die Auswahl von Spielen).

A *Aufgabe*
Wenn Sie eine gemeinsame Runde mit allen Kindern planen, gehen Sie nach folgender Gliederung vor.

Vorbereitung der gemeinsamen Runde

1. Art der Runde und Hauptziel **Datum der Durchführung:** ____________________
(z. B. täglicher Morgenkreis, sporadischer Stuhlkreis, Spielkreis, täglicher Abschlusskreis)

2. Absprachen, die mit der Praxisanleitung zuvor getroffen wurden

3. Praktische Vorbereitungen
1. Raumvorbereitung
2. Materialvorbereitung
3. Zeitliche Organisation

4. Verlaufsplanung
(= Inhalt der Teilschritte wie beim pädagogischen Angebot)

Inhalt (Was?)	Methodisches Vorgehen (Wie?)

5. Reflexion

6.5 Projekte planen (Lehrbuch S. 207)

Wenn Sie als Praktikantin ein Projekt mit Kindern planen, bzw. an der Planung beteiligt sind, werden Sie im Vorfeld mit der Praxisanleiterin wesentliche Rahmenbedingungen klären müssen. Erst wenn dieser Schritt gemacht ist, erfolgt die Planungs- und Durchführungsphase mit den Kindern.

A

Aufgabe
Gehen Sie nach folgendem Zeitplan vor, um die Rahmenbedingungen für Ihr Projekt gemeinsam mit Ihrer Praxisanleitung festzulegen und benutzen Sie die weiteren/folgenden Planungsunterlagen.

Web

Zeitplan für die Vorbereitung des Projektes

Inhalte	Wann?	Erledigt?
1. Ich kläre die Ziele und den möglichen Zeitrahmen für das Projekt mit Frau/Herrn .... ab.	*(ca. 4 Wochen zuvor)* ____________ *Tag*	
2. Ich bereite mich auf das Projektthema vor, indem ich mich über die Planung in der Praxiseinrichtung in diesem Zeitraum informiere.	*(ca. 4 Wochen zuvor)* ____________ *Tag*	
3. Ich sammle Ideen für das Projektthema (Sammelordner Bücherei, Kiga-Bibliothek, Internet, Schule, Mitschülerinnen ...).	*ab sofort* ____________ *Tag*	
4. Ich lege meine Ideenliste in der Praxisstelle vor und sortiere sie gemeinsam mit Frau/Herrn .... aus.	*(ca. 2 Wochen zuvor)* ____________ *Tag*	
5. Ich strukturiere die Ideen nach Tätigkeitsformen und besorge Anschauungsmaterial und Arbeitsmaterial, bzw. stelle es her.	*(ca. 2 Wochen zuvor)* ____________ *Tag*	
6. Ich entwerfe mit Frau/Herrn .... gemeinsam eine grobe Zeitplanung auf dem vorgegebenem Planungsblatt.	*(unmittelbar vor Beginn des Blockpraktikums)* ____________ *Tag*	

Ideensammlung für die Projektwoche	
Thema:	
Gespräche, Geschichten, Bilderbücher	
Lieder	
Spiellieder	
Rollenspiele	
Werkarbeiten, künstlerische Aktivitäten	
Bewegung	
Tanz	
Spiel	
Hauswirtschaftliche Tätigkeiten	
Forschen	
Experimentieren	
Sonstiges	

Web

Überblick über den möglichen Projektverlauf

Tag/ Zeit	Aktion	Teilnehmer	Ort
Montag			
Dienstag			
Mittwoch			
Donnerstag			
Freitag			

Planung, Dokumentation und Reflexion

Die Grobplanung und die notwendigen Absprachen in der Praxisstelle sind die Basis für die Planung und Durchführung mit den Kindern. Abweichungen von der Grobplanung können möglich sein, wenn die Kinder neue Aspekte einbringen.

A *Aufgabe*

Gehen Sie die Projektplanung systematisch anhand der Planungshilfen mit der Kindergruppe durch und protokollieren Sie die Ergebnisse. Dieser Schritt kann gleichzeitig mit den Absprachen in der Praxisstelle erfolgen oder sich daran anschließen.

Planungshilfen für die einzelnen Phasen des Projektes

1. Planungsphase

- Die Kinder an das Thema heranführen, damit sie wissen, worum es bei dem Projekt geht, z. B. durch eine passende Geschichte, ein Bilderbuch, ein Spiel oder etwas anderes Passendes.
- Bezugspunkte zu den Kindern für das Projekt finden, indem Beispiele aus dem Leben der Kinder zum Thema gefunden werden, z. B. in einer Gesprächsrunde, dabei auch eigene Beispiele bereithalten.
- Mit den Kindern Ideen für das Projekt sammeln, dabei dafür sorgen, dass die Kinder eigene Erlebnisse und Situationen der gesamten Gruppe erzählen. Alles, was die Kinder erzählen, wird mit einem Poster dokumentiert, als Grundlage für das Projekt.
- Die Inhalte vom Projekt sichtbar machen, d. h. sortieren und in einzelne Schritte gliedern. Diese einzelnen Schritte werden von den Kindern aufgemalt und von Ihnen beschriftet, sodass die Themen vom Projekt für alle lesbar und verstehbar sind.

2. Projektdurchführung

- Zusammen mit den Kindern festlegen, mit welchem Projektschritt begonnen wird, indem die Kinder Punkte auf das von ihnen gewünschte Thema kleben. Dazu bringen Sie passende Fingerspiele, Lieder, Spiele, Rätsel, Gedichte und ähnliche kreative Angebote ein.
- Die Projektideen werden jetzt eingesetzt. Jeder Schritt wird in Form eines bebilderten Gruppentagebuches oder anhand von Fotos und Filmen dokumentiert.

3. Auswertungsphase

Es werden die gesammelten Erfahrungen reflektiert, die während des Projekts entstandenen Fotos zum Thema und das Gruppentagebuch werden angeschaut und die Projektergebnisse bewundert.

Projekt „Pflanzen“: Auch Gras ist eine Pflanze

Pflanzen brauchen Wasser zum Leben

Dokumentation des Projektes	
Titel des Projektes	
Einrichtung	
Mitglieder des Projektes (Welche Kinder nahmen teil?)	
Leitung des Projektes	
Beginn – Ende	
Projektziele	
Projektverlauf	
Auswertung mit den Kindern	

Web

Reflexion des Projektes

Auswertung	++	+	–	– –
Ich habe das Projektthema am derzeitigen kindlichen Interesse orientiert.				
Ich habe die Kinder gefragt, was sie lernen und wissen möchten.				
Ich habe mich selbst zum Thema kundig gemacht.				
Ich bin auf die kindlichen Interessen eingegangen und habe das Wissen vertieft.				
Ich habe die Kinder ermutigt, Ideen zu entwickeln, wie das Wissen gewonnen werden kann.				
Ich habe das Wissen mit den Kindern praktisch ausprobiert und angewendet.				
Ich habe das Projekt weitgehend wie geplant durchgeführt.				
Ich habe nach Abschluss des Projekts überprüft, ob die Kinder das erworbene Wissen im Alltag anwenden können.				
Ich habe Fähigkeiten zur Teamarbeit gelernt.				
Ich schätze den Gesamterfolg ein:				

Was mir noch wichtig ist:

7 Medien in der pädagogischen Arbeit

Grundwissen

Bedeutung und Gefahren von Medien
Die Förderung von Medienkompetenz
Druckmedien
Das Bilderbuch
Elektronische Medien
Film und Fernsehen
Kinder-CDs
Computermedien

Wenn Sie diese Aufgaben bearbeiten, können Sie folgende Kompetenzen erwerben:

- Sie werden sich Ihrer eigenen Mediengewohnheiten und Medienkompetenz bewusst.
- Sie setzen sich kritisch mit Medien und deren Wert auseinander.
- Sie kennen die Mediengewohnheiten von Kindern Ihrer Gruppe.
- Sie können verschiedene Medien kritisch beurteilen.
- Sie kennen Möglichkeiten zur Förderung der Medienkompetenz von Kindern.

7.1 Meine Erfahrungen mit Medien

A

Aufgabe

Fertigen Sie eine Übersicht mit allen Medien und Mediensystemen, die Ihnen zur Verfügung stehen (Nutzen Sie das folgende Arbeitsblatt). Verteilen Sie dann Punkte von jeweils 1 bis 5 aus denen hervorgeht, wie häufig und intensiv Sie diese nutzen. Was fällt Ihnen auf?

Wie ich Medien nutze

Medium	Punkte

Mein Kommentar dazu:

Erledigt am: ______________________

7.2 Kinder nutzen Medien

Aufgabe
Führen Sie in Ihrer Praxisstelle mit den Kindern ein Gespräch, zu welchen Medien sie Zugang haben, welche Medien sie zur Verfügung haben und welche Medien sie sich wünschen.

A

Wie die Kinder Ihrer Gruppe Medien nutzen, können Sie erfahren, indem Sie mit den Kindern darüber ins Gespräch kommen (vgl. Aufgaben 3 und 4 auf Seite 219 im Lehrbuch). Tragen Sie die Ergebnisse in der Übersicht ein.

Die Mediennutzung der Kinder meiner Gruppe

Wer?	Medien	Aussagen dazu

Aufgabe
Vergleichen Sie Ihre eigene Mediennutzung mit der Ihrer Kinder in der Praxisstelle und stellen Sie Unterschiede oder Übereinstimmungen fest. Tauschen Sie diese Erfahrungen in der Klasse aus.

A

Erledigt am: ____________________

7.3 Bedeutung und Gefahren von Medien (Lehrbuch S. 215)

A *Aufgabe*

Machen Sie sich ein Bild davon, wie Sie die Bedeutung und die Gefahren der Medien für Kinder einschätzen.

Thesen zum Wert von Medien im Kindesalter

These	Stimmt, weil …	Stimmt nicht, weil …
Medien unterhalten.		
Kinder bewegen sich zu wenig und haben zu wenig unmittelbare Sinneserfahrungen.		
Medien informieren.		
Es besteht die Gefahr einer gestörten Sprachentwicklung.		
Medien fördern die Flucht aus dem Alltag.		
Es besteht die Gefahr der Gewaltvermittlung.		
Medien dienen als Ersatz für fehlende Spielpartner.		
Es besteht die Gefahr von Abhängigkeit von Medien.		
Die Zeit in der Kita ist zu wertvoll, um sie mit elektronischen Medien zu verbringen.		
Der Computer in der Kita gehört zum modernen Bildungsverständnis.		
Kinder sitzen zu Hause schon genug vor dem Fernseher, da brauchen wir keinen in der Kita.		
Die Kita sollte statt Medienangeboten lieber Kreativangebote machen.		
Ein PC in der Kita fördert soziale Kontakte.		

Erledigt am: ____________________

„Ausgezeichnete" Jugendliteratur (Lehrbuch S. 219)

Der Deutsche Jugendliteraturpreis wird als einziger Staatspreis für Literatur in Deutschland seit 1956 jährlich vom Bundesministerium für Familie, Senioren, Frauen und Jugend gestiftet und verliehen. Der Preis, der vom Arbeitskreis für Jugendliteratur e.V. organisiert wird, zeichnet deutschsprachige Originalausgaben und Übersetzungen aus dem vorangegangenen Produktionsjahr aus. Eine Kritikerjury prämiert Titel in den Sparten Bilderbuch, Kinderbuch, Jugendbuch und Sachbuch. Zudem vergibt eine autonome Jugendjury den „Preis der Jugendjury". (Foto: Jugendliteraturpreis)

A

Aufgabe

Forschen Sie, ob es in Ihrer Praxiseinrichtung Bücher gibt, die für den Jugendliteraturpreis nominiert worden sind und Bücher, die den Jugendliteraturpreis erhalten haben, bzw. gehen Sie in die Bücherei und suchen Sie Titel von Kinder- und Jugendbüchern, auf die eines dieser Kriterien zutrifft.

Bücher mit Jugendliteraturpreis in meiner Praxiseinrichtung

Nominierte Bücher für den Jugendliteraturpreis – Titel	Jahr	Autor/Autorin/Verlag
1.		
2.		
3.		
4.		

Bücher für den Jugendliteraturpreis – Titel	Jahr	Autor/Autorin/Verlag
1.		
2.		
3.		
4.		

Erledigt am: ______________________

7.4 Beurteilung von Medien

Bilderbücher beurteilen (Lehrbuch S. 221)

A *Aufgabe*
Beurteilen Sie eines der Lieblingsbilderbücher Ihrer Praxisgruppe.

Web

Checkliste zur Auswahl und Beurteilung von Bilderbüchern		
Titel, Autor:		
Kriterien der Beurteilung	**Ja**	**Nein**
Inhalt:		
spannend		
unterhaltsam		
humorvoll		
erzeugt Freude und Optimismus		
verfolgt einen Spannungsbogen mit deutlichem Höhepunkt		
spricht Gefühle an		
regt die Fantasie an		
Illustration:		
künstlerisch hochwertige schöne Bilder		
verständliche Darstellung		
ohne Überschneidungen und perspektivische Verschiebungen		
Farbgestaltung harmonisch bzw. gibt die Stimmung des Inhaltes wieder		
Illustration und Text stimmen überein		
Text:		
Gute Sprache mit dem Einsatz sprachkünstlerischer Mittel, wie:		
wörtliche Rede		
Wiederholungen		
Verwendung von Eigenschaftswörtern		
zusammengesetzte Wörter		
Aufmachung:		
gebunden		
feste Buchdeckel		
gutes, festes Papier		
Druckqualität hochwertig		
Alter und Erfahrung:		
Welche Altersstufe ist angesprochen?		
Welche Erfahrungen brauchen Kinder, um den Inhalt zu verstehen?		

Kinder-CDs beurteilen (Lehrbuch S. 229)

Qualitätsbeurteilung von Kinderkassetten und CDs

	++	+	–	––
Inhalt: • Wird ein kindgerechtes Thema angesprochen? • Kann sich das Kind mit der Hauptfigur identifizieren? • Werden Verhaltensmuster und Klischees verwendet? • Wird Spannung erzeugt? Wird die Fantasie angeregt? • Werden Denkanstöße für mögliches Verhalten geliefert? • Ist der Handlungsverlauf der Geschichte nachvollziehbar?				
Inszenierung: • Findet eine literarische Vorlage Verwendung und wie wird sie umgesetzt? • Sind die Stilmittel so, dass Kinder sie verstehen können? (keine Vor- und Rückblenden) • Werden Spannungsmomente gelöst? • Welche Spannungselemente werden eingesetzt?				
Sprache: • Passen die Stimmen zu den Charakteren der Figuren? • Werden gut unterscheidbare Stimmen eingesetzt? • Entstehen durch sprachliche Elemente Bilder des Handlungsortes? • Werden Kinder durch kindliche Ausdrucksweise charakterisiert oder sind es kleine Erwachsene?				
Geräusche: • Sind Geräusche natürlich oder effektheischend eingesetzt? • Werden sie klar eingesetzt oder brauchen sie die sprachliche Ankündigung? • Entsteht durch die Verwendung von Geräuschen eine anschauliche Kulisse für die Handlung? • Fördert die Verwendung von Geräuschen die Entstehung von assoziativen Bildern im Kopf?				
Musik: • Welche Gefühle werden durch die Musik ausgelöst oder intensiviert? • Wird die Musik als Ergänzung zum Charakter der Produktion eingesetzt oder ist sie beliebig einsetzbar? • Wird Musik eingesetzt, um die Zeit zu füllen oder hat sie eine Aufgabe: Spannung, Entspannung, Fantasie…				
Cover: Bekommt man hier schon ausreichende Informationen über: • Namen von Autoren, Produzenten, • Sprecher, • Komponisten, • Spieldauer, • Produktionsort und -jahr, • Zusammenfassung des Inhaltes, • Altersangabe.				

PC-Spiele beurteilen (Lehrbuch S. 235)

A *Aufgabe*

Finden Sie heraus, welches Computerspiel den Kindern Ihrer Gruppe am besten gefällt. Beurteilen Sie dieses mit den folgenden Fragestellungen.

Web

Beurteilungskriterien von PC-Spielen

Kriterien	Bewertung				
	sehr gut	gut	mittel	mäßig	schlecht
1. Problemlose Installation					
In der Anwendung einfach zu handhaben					
Bedienung leicht verständlich					
Einwandfreie Grafik					
Einwandfreier Ton					
2. Unterhaltungswert					
Es vermittelt Spaß.					
Das Spiel ist fantasievoll und abwechslungsreich.					
Das Spiel fordert Planung und strategisches Denken.					
Das Spiel bietet Möglichkeit zur Kommunikation.					
Das Spieltempo ist den Auffassungsmöglichkeiten des Kindes angepasst.					
3. Umsetzung des Inhalts					
Bezug zur Erlebniswelt des Kindes					
Das Spiel vermittelt Werte ohne Aggressivität, Vorurteile, Menschenverachtung, pornografische Darstellungen.					
Das Spiel fördert logisches Denken.					
Das Spiel löst Emotionen aus (lachen, schimpfen mit dem Computer).					
Das Spiel fördert Sozialverhalten, sowie Rücksicht, Hilfsbereitschaft, Zusammenarbeitw					

7.5 Medienkompetenz fördern (Lehrbuch S. 218)

A

Aufgabe

Legen Sie sich eine Ideensammlung an, wie Sie die Medienkompetenz der Kinder Ihrer Einrichtung positiv beeinflussen können und decken Sie dabei die drei wesentlichen Bereiche ab.

Förderideen zur Medienkompetenz

Bereich	Kompetenz	Praxisidee
Medienkunde	Mediensysteme kennen	
	Medientechnik verstehen	
	Umgang mit Technologie beherrschen	
Mediengestaltung	Mit Medien gestalten	
	Medien als Kommunikationsmittel nutzen	
	Medien selbst produzieren	
Medienkritik	Medienbotschaften durchschauen und kritisch reflektieren	
	Hochwertige Medienangebote kennen, Qualitätsbewusstsein entwickeln	

Erledigt am: ______________________

8 Begleitung von Übergängen

Grundwissen

Der Übergang von der Familie in die Krippe
Der Übergang von der Familie/Krippe in den Kindergarten
Der Übergang vom Kindergarten in die Schule/Hort

Wenn Sie diese Aufgaben bearbeiten, können Sie folgende Kompetenzen erwerben:

- Sie nehmen das Verhalten von Kindern wahr.
- Sie erfassen Entwicklungsrisiken.
- Sie erkennen individuelle Bedürfnisse.
- Sie gehen einfühlsam und verantwortlich darauf ein.
- Sie bringen Kindern und Jugendlichen Wertschätzung entgegen.
- Sie strukturieren den Tagesablauf Einzelner nach entwicklungsstärkenden Gesichtspunkten.
- Sie erkennen in der Kommunikation mit Kindern und Jugendlichen den besonderen Mitteilungscharakter nonverbaler Signale.
- Sie kennen die Wirkung Ihres Verhaltens auf die pädagogische Beziehung zum Einzelnen und zur Gruppe.

8.1 Biografiearbeit

A

Aufgabe

Erinnern Sie sich an Kinderbetreuungseinrichtungen, die Sie als Kind besucht haben? Was hat sich Ihrer Meinung nach bis heute verändert? Halten Sie Ihre Überlegungen auf dem nächsten Arbeitsblatt fest. Kleben Sie hier ein Foto aus Ihrer Kindergartenzeit ein.

Meine Erfahrungen in Kinderbetreuungseinrichtungen

Erinnerungen und Erfahrungen aus meiner Kindheit:

Meine Erfahrungen heute in der Kindertagesstätte:

Erledigt am: ______________________

8.2 Übergänge sind Herausforderungen (Lehrbuch S. 241)

Das Erleben von Übergängen und die Bewältigung der damit verbundenen Freuden und Leiden ist für jedes Kind und für jede Familie unterschiedlich. Gelingt ein Übergang innerlich und äußerlich, gewinnt das Kind Selbstvertrauen und innere Kraft. Pädagoginnen gleichen dabei die fehlenden Lebenserfahrungen des Kindes aus und stärken die Eigenkräfte des Kindes.

A *Aufgabe*

Greifen Sie auf Ihre Beobachtungen in Kapitel 2.3: „Beobachtung eines Kindes während der Bringzeit" zurück und beschreiben Sie, wie sich dieses Kind Ihrer Meinung nach gefühlt hat.

Gefühle des Kindes .... **beim Kommen**

____

____

____

____

____

____

____

____

____

Wie wird sich die Familiensituation verändern?

____

____

____

____

____

____

____

____

____

____

Situationsanalyse

Situation aus der Praxis

Am ersten Kindergartentag nimmt Melanie, die Pädagogin in der Gruppe, die neuen Kinder in Empfang. Eine Mutter steht im Gang und hält die weinende 3-jährige Sarah an der Hand. Sie redet auf das Kind ein, dass es doch so schön im Kindergarten sei, dass viele andere Kinder zum Spielen da sind und dass sie bald wiederkommt und Sarah wieder abholt. Sarah brüllt. Andere Kinder schauen interessiert zu.

Aufgabe

A

Markieren Sie die wichtigsten Stellen im Text und bearbeiten Sie nachfolgende Fragen.

Analyse der Situation

1. Was geschieht da?

____

____

____

2. Welche Gefühle zeigen die Beteiligten?

____

____

____

3. Was beschäftigt mich beim der Vorstellung, dass ich beteiligt bin?

____

____

____

4. Welche Informationen brauche ich, um die Situation zu lösen?

____

____

____

5. Was will das Kind mit seinem Verhalten erreichen?

____

____

____

Erledigt am: ______________

Die problematische Situation des Übergangs für das Kind

A *Aufgabe*

Tragen Sie aus Beobachtungen, eigenen Erfahrungen und dem, was Sie im Buch dazu gelesen haben, zusammen, welche Probleme Kinder beim Eintritt in die jeweilige sozialpädagogische Einrichtung haben können.

Mögliche Probleme des Kindes beim Eintritt

... in die Krippe

____

____

____

____

____

____

____

... in den Kindergarten

____

____

____

____

____

____

____

... in den Hort

____

____

____

____

____

____

____

Erledigt am: ____________________

8.3 Rituale in meiner Praxiseinrichtung

Rituale, besonders Übergangsrituale z. B. beim Begrüßen, Verabschieden, Wickeln, Einschlafen, Aufräumen usw. sind eine große Hilfe für die Eingewöhnung des Kindes. Sie haben sicherlich schon Übergangsrituale in Ihrer Praxisstelle beobachtet.

A

Aufgabe
Halten Sie alle beobachteten Rituale fest, bzw. befragen Sie Ihre Praxisanleitung nach Übergangsritualen in Ihrer Praxisstelle. Erstellen Sie ein Ergebnisprotokoll.

Web

Protokoll/Interview
Thema:
Beteiligte Personen:
Datum/Uhrzeit/Ort:
Welche Rituale werden in der Einrichtung praktiziert?

Verlässliche Strukturen im Tageslauf in meiner Praxisgruppe

Das neue Kind braucht örtliche und zeitliche Strukturen wie z. B.: Wo bekommt das Kind von wem etwas zu essen? Wo kann es mittags schlafen? Wer ist da, wenn es aufwacht? Vom wem wird es gewickelt? Wann sind Bring- und Abholzeiten? Es entwickelt eine „innere Uhr", die Sicherheit gibt.

A *Aufgabe*

Halten Sie fest, welche verlässlichen Strukturen im Tageslauf Ihrer Praxisgruppe eingeführt sind. Beobachten Sie, welche Auswirkungen diese auf das Wohlbefinden der Kinder haben.
Das neue Kind in der Kinderkrippe braucht zeitlich und örtlich klare Strukturen.

Verlässliche Strukturen in meiner Gruppe:

____

Altersangemessene Regeln und Rechte der Kinder

Für neue Kinder gibt es i.d.R. Sonderrechte oder Sonderregelungen, wie z. B. Alltagsgegenstände von zu Hause mitbringen zu dürfen, etwas mit nach Hause nehmen zu dürfen oder besonderer Zuspruch. Diese enden nach der Eingewöhnung, denn auf Dauer bringen Privilegien Eifersucht, Konflikte und Unfrieden.

A *Aufgabe*

Welche Sonderrechte gibt es für neue Kinder in der Einrichtung?

So werden in meiner Einrichtung Brücken für das neue Kind gebaut:

____

Erledigt am: ____________________

8.4 Kinder kommen in die Schule (Lehrbuch S. 255)

Der Übertritt in die Schule ist ein weiterer Meilenstein, der von allen Beteiligten erklommen werden muss. Wie dies geschehen kann, gehört zum Grundwissen (siehe dort). Wie Kinder dies erleben, können Sie beobachten.

A

Aufgabe

Beobachtungsaufgabe: Notieren Sie Gefühle und Äußerungen zum Schulbesuch bei drei Kindern im Kindergarten oder Hort.

Aus Kindergartenkindern werden Schulkinder

Vorname des Kindes:	
Äußerungen zum bevorstehenden Schulbesuch	Mögliche Hilfestellungen/Kommentar
Vorname des Kindes:	
Äußerungen zum bevorstehenden Schulbesuch	Mögliche Hilfestellungen/Kommentar
Vorname des Kindes:	
Äußerungen zum bevorstehenden Schulbesuch	Mögliche Hilfestellungen/Kommentar

Erledigt am: ______________________

9 Teamarbeit

Grundwissen

Grundlagen der Teamarbeit
Aufgaben der Teammitglieder
Vorteile der Teamarbeit
Konflikte im Team
Umfeld und Kooperationspartner
Mit Fachdiensten zusammenarbeiten
Elternrecht
Fachdienste
Fallbezogene Zusammenarbeit mit den Fachdiensten

Wenn Sie diese Aufgaben bearbeiten, können Sie folgende Kompetenzen erwerben:

- Sie kennen Ihre Stellung im Team und Ihre Pflichten.
- Sie wissen um Ihre Handlungsspielräume und Ihre Grenzen.
- Sie kennen unterschiedliche Ausbildungen im sozialpädagogischen Arbeitsfeld.
- Sie entwickeln als Teammitglied die Fähigkeit, sich mit Grenzsetzungen, Kritik und Konflikten konstruktiv und professionell auseinanderzusetzen.
- Sie kennen die Notwendigkeit und die Bedingungen einer vertrauensvollen und verlässlichen Zusammenarbeit.
- Sie kennen Hilfseinrichtungen und Fachdienste.
- Sie kennen andere sozialpädagogische Einrichtungen.

9.1 Das Team (Lehrbuch S. 278)

In Einrichtungen arbeiten die Mitarbeiterinnen immer mit Kolleginnen zusammen. Jede Mitarbeiterin hat eine Ausbildung absolviert, um als anerkannte Kraft ein einer sozialpädagogischen Einrichtung arbeiten zu können.

A *Aufgabe*

Befragen Sie die Teammitglieder Ihrer Einrichtung nach ihrer Berufsbezeichnung, ihrer Ausbildung und dem Ausbildungsweg. Diese Information finden Sie unter Umständen auch in der Konzeption oder auf der Internetseite Ihrer Einrichtung. Halten Sie die Ergebnisse auf dem nächsten Arbeitsblatt fest.

Die Teammitglieder meiner Praxiseinrichtung		
Vollständiger Name	Berufsbezeichnung, Ausbildung	Tätigkeit, Stellung

A

Aufgabe

Verschaffen Sie sich einen Überblick über die Arbeitsverteilung in Ihrer Einrichtung und finden Sie heraus, ob es bestimmte Zuständigkeiten und Aufgaben zwischen den Kolleginnen gibt und welche dies sind. Siehe auch Lehrbuchseite 278.

Arbeitsverteilung im Team	
Aufgaben	zuständig

Erledigt am: ______________________

9.2 Konflikte im Team (Lehrbuch S. 289)

Eine gute Zusammenarbeit innerhalb des Teams ist aus vielen Gründen ein erstrebenswertes Ziel. Lesen Sie die Gründe dafür im Buch nach (ab S. 282). Das funktioniert allerdings nicht immer ohne Konflikte.

A *Aufgabe*

Welche Formen von Konflikten im Team kommen am häufigsten vor? Befragen Sie die Teammitglieder in Ihrer Praxiseinrichtung.
Erstellen Sie zusammen mit Ihren MitschülerInnen eine Hitliste der häufigsten Konflikte in sozialpädagogischen Einrichtungen.

Hitliste der Konflikte im Team

1. ______________________________

2. ______________________________

3. ______________________________

4. ______________________________

5. ______________________________

6. ______________________________

7. ______________________________

A *Aufgabe*

Erstellen Sie eine Hitliste von Tipps, mit denen diese Konflikte bewältigt werden können.
Markieren Sie dann die Tipps farbig, die Ihnen am wertvollsten erscheinen.

Hitliste von Tipps im Umgang mit Konflikten im Team

1. ______________________________

2. ______________________________

3. ______________________________

4. ______________________________

5. ______________________________

6. ______________________________

7. ______________________________

Erledigt am: ______________________________

9.3 Kooperationspartner und Vernetzungspartner in der Zusammenarbeit (Lehrbuch S. 291)

Zusammenarbeit findet sowohl im Team, als auch mit Partnern außerhalb der Einrichtung statt. Wer das im Einzelnen ist, bzw. sein könnte, sollte jede Mitarbeiterin wissen.

Aufgabe

Betrachten Sie das Schema im Lehrbuch auf S. 297 und erstellen Sie eine Adressenliste der Kooperationspartner Ihrer Praxisstelle.

A

Kooperationspartner meiner Einrichtung

Web

Kooperationspartner der Einrichtung mit Adresse	Bemerkungen zu Formen der Zusammenarbeit

Aufgabe

Betrachten Sie das Schema auf S. 300 im Lehrbuch und ergänzen Sie die Adressenliste der Kooperationspartner mit den noch fehlenden Vernetzungspartnern.

A

Vernetzungspartner von Kindertageseinrichtungen meiner Einrichtung

Web

Kooperationspartner der Einrichtung mit Adresse	Bemerkungen zu Formen der Zusammenarbeit

Erledigt am: ____________________

10 Eltern als Bildungs- und Erziehungspartner

Grundwissen

Bedeutung der Eltern- und Familienarbeit
Formen der Eltern- und Familienarbeit
Gespräche zwischen Tür und Angel
Elternabend
Elternsprechstunde
Tag der offenen Tür
Elternbrief und Hort-/Kitazeitung
Gemeinsame Feste
Arbeit mit dem Elternbeirat
Elternbefragung
Gesprächsführung in der Eltern- und Familienarbeit
Probleme in der Eltern- und Familienarbeit
Besondere Bedürfnisse von Familien mit Migrationshintergrund

Wenn Sie diese Aufgaben bearbeiten, können Sie folgende Kompetenzen erwerben:

- Sie kennen die Bedeutung verbaler und nonverbaler Kommunikation und Interaktion für die Gestaltung personaler Beziehungen.
- Sie können Gesprächsanlässe und Gesprächsabsichten einschätzen.
- Sie können sich schriftlich und mündlich fachkompetent ausdrücken.
- Sie können mit am Bildungs- und Erziehungsprozess beteiligten Personen Beziehungen aufbauen und pflegen.
- Sie wissen um Ihre Handlungsspielräume und Grenzen.
- Sie sind in der Lage, auf Gesprächspartner aus unterschiedlichen Kulturen und mit unterschiedlicher Herkunft unvoreingenommen und selbstbewusst zuzugehen.

10.1 Die Bedeutung der Eltern- und Familienarbeit

(Lehrbuch S. 310)

Eltern tragen die Erziehungsverantwortung und sehen das Wohl des Kindes als lebenslange Aufgabe. Die Pädagogin orientiert sich an den Bedürfnissen der Eltern und ist auf deren Informationen und Zusammenarbeit angewiesen.

Interview über die Erwartungen von Eltern

A

Aufgabe

Führen Sie, in Absprache mit Ihrer Anleitung, mit einem Elternteil eines Kindes ein Interview über deren Erwartungen und Wünsche an die Praxiseinrichtung. Erstellen Sie dazu einen Fragenkatalog. Nehmen Sie die entsprechenden Fragen auf S. 309 im Lehrbuch zu Hilfe.

Web

Protokoll/Interview	
Thema:	
Beteiligte Personen:	
Datum/Uhrzeit/Ort:	
Fragen:	**Antworten:**

Erledigt am: ______________________

Ideen für Eltern- und Familienarbeit

Für eine vertrauensvolle Zusammenarbeit ist die gegenseitige Wertschätzung und Anerkennung Voraussetzung. Auch Eltern benötigen individuelle Unterstützung.

A *Aufgabe*

Entwickeln Sie Ideen der Umsetzbarkeit, wenn Eltern folgende Wünsche und Vorschläge zur Zusammenarbeit mit der Praxiseinrichtung äußern.

Ideen und Wünsche der Eltern	Meine Ideen dazu:
Winterspaziergang	
Osterwerkstatt	
Kochworkshop	
Nachmittags-kaffee	
Musikworkshop	
Familienfrühstück	
Spielnachmittag	

Erledigt am: ______________________

Elternabende

A

Aufgabe
Sie wollen in der Krippe, bzw. im Kindergarten einen Elternabend gestalten. Sammeln Sie Themen die Eltern interessieren könnten.

Themenvorschläge für Elternabende	
in der Kinderkrippe	**im Kindergarten**

Erledigt am: ______________________

10.2 Mit Eltern ins Gespräch kommen (Lehrbuch S. 326)

Das Gespräch mit Eltern ist nicht immer störungsfrei. Hilfestellung, wie man in einer Diskussion rhetorische Fragen und andere schwierige Begegnungen abwehrt, gibt ein Fachmann. Sein Rat: Bleiben Sie entspannt.

A *Aufgabe*

Lesen Sie die folgenden Ratschläge eines Fachmanns.
Überlegen Sie, was der Diskussionsteilnehmer mit seiner Aussage erreichen will.

Tipps zum Umgang mit schwierigen Elternäußerungen

Möglicher Vorwurf eines Elternteils	Lösungsvorschlag für die Antwort	Was will der Diskussionsteilnehmer bei Ihnen damit erreichen?
„Du kannst in Erziehungsfragen gar nicht mitreden, du hast doch gar keine Kinder."	*„Es geht hier nicht um mich, sondern …"*	
„Sie sind noch viel zu jung, um …" *„Ihnen fehlt die Erfahrung, um …"* *„Ich bezweifle, dass Sie das in Ihrem Alter schaffen können."*	*„Gerade weil ich jung bin, kann ich das unvoreingenommen sehen".* *„Gerade weil ich neu bin, kann ich das objektiv betrachten."*	
„Sieht man einmal von den Schwächen Ihrer Argumentation ab …" *„Fast hätte ich gesagt …"* *„Auf die vielen Ungereimtheiten will ich weiter nicht eingehen …"*	*„Welche Schwächen?"* *„Können Sie das bitte genauer sagen?"*	
„Auch ich war mal früher deiner Auffassung, aber …"	*„Ihr Meinungswandel ist sehr interessant. Ich bin nach wie vor der Auffassung …"*	
„Sie selbst haben einmal gesagt …" *„Wenn ich dich einmal zitieren darf …"*	*„Es freut mich, dass du behalten hast, was ich früher dazu gesagt habe. Heute sehe ich die Sache anders, weil …"* *„Ich erläutere Ihnen gerne, warum ich das heute anders sehe."*	
„Sind sie ganz sicher?" *„Woher wissen Sie denn das so genau?"* *„Wer ist schon ganz sicher?"*	*„Ja."* *„Ich habe mich informiert."*	
„Glauben Sie alles, was in der Zeitung steht?"	*„Nein. Aber ich möchte wissen, was **Sie** zu meiner Kritik sagen."*	
„Ihr Gefühl muss Ihnen doch gesagt haben, dass …" *„Sie sind doch viel zu verantwortungsbewusst, um …"*	*„Gerade weil ich verantwortungsbewusst bin …"*	

(vgl. Franck, 2009, S. 10)

Erledigt am: ______________________________

10.3 Besondere Bedürfnisse von Familien mit Migrationshintergrund (Lehrbuch S. 340)

Fremde Heimat – Kinder und Jugendliche, die als Flüchtlinge oder Einwanderer nach Deutschland kommen, benötigen vielfach besonderen Schutz, Betreuung und Fürsorge.

A

Aufgabe

Welche Möglichkeiten sehen Sie, den besonderen Bedürfnissen dieser Eltern und deren Kinder gerecht zu werden? Gehen Sie dabei auf Erfahrungen ein, die Sie innerhalb Ihrer Klasse zusammentragen können. Fertigen Sie eine Materialsammlung an.

Meine Ideen zum Thema: Besondere Bedürfnisse von Migrantenfamilien

Erledigt am: ____________________

11 Feste und Feiern

Grundwissen

Feste im Leben von Menschen
Planung und Gestaltung von Festen
Einzelne Feste
Kindergeburtstag
Erntedankfest
Halloween
St. Martin
Nikolaus
Advent und Weihnachten
Fasching
Ostern
Muttertag
Sommerfest

Wenn Sie diese Aufgaben bearbeiten, können Sie folgende Kompetenzen erwerben:

- Sie wissen, welche Feste in Ihrer Einrichtung gefeiert werden.
- Sie setzen sich mit dem Wert der einzelnen Feste auseinander.
- Sie setzen sich kreativ mit der Umsetzung von Festen auseinander.
- Sie können ein Fest systematisch planen, durchführen und reflektieren.

11.1 Feste in meiner Praxisstelle

Die Mitgestaltung von Festen wird auch im Praktikum schon eine Aufgabe sein, an der Sie Anteil haben werden.

A *Aufgabe*

Verschaffen Sie sich einen Überblick über Feste und Feiern, die in Ihrer Praxiseinrichtung innerhalb eines Jahres gefeiert werden oder wurden. Verfassen Sie eine Jahresübersicht.

Jahresübersicht über die Feste in meiner Praxiseinrichtung

Monat	Fest/ Feier
Januar	
Februar	
März	
April	
Mai	
Juni	
Juli	
August	
September	
Oktober	
November	
Dezember	

Erledigt am: ______________________________

11.2 Feste im Leben von Menschen (Lehrbuch S. 358)

Mit dem Feiern von Festen pflegen wir Traditionen und Werte und schaffen Höhepunkte im Alltag. Sie kennen Feste und sind sich der Werte für die pädagogische Arbeit bewusst.

A *Aufgabe*

Überlegen Sie zu jedem Fest zwei für Sie wesentliche pädagogische Gedanken bzw. Ziele und ein passendes Motto oder einen Leitgedanken zum Fest.

Ziele bei der Festgestaltung

Anlass	Ziele	Motto
Kindergeburtstag		
Erntedank		
Halloween		
St. Martin		
Nikolaus		
Advent und Weihnachten		
Fasching		
Ostern		
Muttertag		
Sommerfest		

Erledigt am: ____________________

11.3 Planung und Gestaltung von Festen (Lehrbuch. S. 355)

A

Aufgabe
Gehen Sie bei der nächsten Festgestaltung nach folgendem Planungsraster vor und dokumentieren Sie den Festverlauf und dessen Auswertung. Gehen Sie nach der Praxishilfe auf S. 356–358 im Lehrbuch vor.

Web

Planungsraster für die Festgestaltung	
Schritte	Inhalte
1. Wertvorstellungen	
2. Organisatorisches	
3. Vorbereitende Tätigkeiten	
4. Praktische Organisation	
5. Auswertung	
6. Dokumentation	

Erledigt am: ______________________________

A

Aufgabe

Testen Sie hier Ihre Erzieherpersönlichkeit.

Meine Fachkompetenz

Aneignen von Fertigkeiten und Kenntnissen	++	+	–	––
Ich gehe systematisch vor.				
Ich arbeite genau.				
Ich identifiziere mich mit meiner Arbeit.				
Ich bin leistungsbereit.				
Ich bin verantwortungsbewusst.				
Ich achte auf Qualität bei meiner Arbeit.				
Ich achte auf Sicherheit.				
Ich kann mich selbst kontrollieren.				
Ich achte auf Sauberkeit.				
Ich kann meine Arbeitsabläufe gestalten.				
Ich denke wirtschaftlich.				
Ich zeige Umweltbewusstsein.				
Ich arbeite rationell.				
Ich habe Zeitgefühl.				
Ich zeige Ausdauer.				
Ich zeige Durchhaltevermögen.				
Ich habe ein Gefühl für notwendige Kontrollen.				
Ich zeige vorausschauendes Denken.				
Ich kann flexibel handeln.				
Ich kann mich umstellen.				
Ich kann Verbesserungsvorschläge bringen.				

Meine Methodenkompetenz

Selbstständig lernen	++	+	–	––
Selbstständig planen, durchführen und kontrollieren				
Ich bin lernwillig.				

Selbstständig lernen	++	+	–	––
Ich bin lernfähig.				
Ich erkenne, dass ich mich selbstständig weiterbilden muss.				
Ich beherrsche Lerntechniken.				
Ich kann mein Gedächtnis trainieren.				
Ich kann logisch denken.				
Ich kann Probleme lösen.				
Ich kann planen.				
Ich habe einen Überblick über anfallende Arbeiten.				
Ich erkenne Arbeitsziele.				
Ich weiß, wo Informationen zu erhalten sind.				
Ich kann Informationen selbstständig erarbeiten.				
Ich kann die Informationen wirtschaftlich auswerten.				
Ich kann Wichtiges von Unwichtigem unterscheiden.				
Ich kann Ergebnisse zusammenfassen.				
Ich kann Informationen weitergeben.				

Meine Sozialkompetenz

In der Gruppe mitarbeiten	++	+	–	––
Persönlichkeit entfalten				
Ich bin kooperationsfähig.				
Ich bin integrationsfähig.				
Ich zeige Einfühlungsvermögen.				
Ich zeige Kollegialität.				
Ich zeige soziale Verantwortung.				
Ich kann sachlich argumentieren.				
Ich kann mich mündlich ausdrücken.				
Ich kann mich schriftlich ausdrücken.				
Ich tausche Erfahrungen aus.				
Ich bin offen.				
Ich habe eine positive Einstellung zum Beruf.				
Ich zeige Eigeninitiative.				
Ich bin selbstständig.				
Ich habe Selbstvertrauen.				
Ich bin selbstbewusst.				
Ich bin einsatzbereit.				
Ich bin kreativ.				

In der Gruppe mitarbeiten	++	+	–	––
Ich bin tolerant.				
Ich bin gewissenhaft.				
Ich bin sachlich.				
Ich bin kritikfähig.				

Eine Zusammenstellung der Schlüsselkompetenzen finden Sie in: Der Rat für Forschung, Technologie und Innovation: Kompetenzen im globalen Wettbewerb. Perspektiven für Bildung, Wirtschaft und Wissenschaft. Feststellungen und Empfehlungen, hrsg. vom Bundesministerium für Bildung, Wissenschaft, Forschung und Technologie, Juni 1998.

A *Aufgaben*

1. *Testen Sie hier Ihre Lernkompetenz. Markieren Sie die Aufgaben im Aufgaben-ABC, die Ihnen in diesem Heft besonders gut gelungen sind. Schreiben Sie die entsprechende Seitenzahl dazu.*
2. *Reflektieren Sie Ihre Lernfortschritte und Ihren Arbeitsprozesss im Umgang mit dem Arbeitsheft:*
   - *Arbeitsblätter, die Sie besonders gerne bearbeitet haben, markieren Sie mit einem Stern.*
   - *Arbeitsblätter, die Sie in Ihrer Ausbildung wieder ein Stück weitergebracht haben, markieren Sie mit einem + Zeichen.*
   - *Arbeitsblätter, die Sie besonders viel Mühe gekostet haben, markieren Sie mit einem Herz.*

Das Aufgaben-ABC

A

☐ Anfertigen
☐ Ankreuzen
☐ Auflisten
☐ Ausdrucken
☐ Ausschneiden
☐ Austauschen
☐ Auswählen
☐ Auswerten

B

☐ Begründen
☐ Beobachten
☐ Berichten
☐ Beschreiben
☐ Betrachten
☐ Beurteilen
☐ Bewerten
☐ Bewusst machen

D

☐ Diskutieren
☐ Dokumentieren

E

☐ Einschätzen
☐ Eintragen
☐ Entwerfen
☐ Entwickeln
☐ Erforschen
☐ Ergänzen
☐ Erinnern
☐ Erkennen
☐ Erstellen
☐ Erzählen

F

- ☐ Festhalten
- ☐ Finden
- ☐ Filmen
- ☐ Fotografieren
- ☐ Fragen beantworten
- ☐ Fragen stellen

G

- ☐ Gespräch führen

H

- ☐ Herunterladen

I

- ☐ Informieren
- ☐ Interview

K

- ☐ Kennzeichnen
- ☐ Kleben
- ☐ Kontakt aufnehmen

L

- ☐ Legen
- ☐ Lesen

M

- ☐ Malen
- ☐ Markieren
- ☐ Meinung äußern

N

- ☐ Nachdenken
- ☐ Notieren

O

- ☐ Ordnen

P

- ☐ Planen
- ☐ Präsentieren
- ☐ Protokollieren
- ☐ Prüfen
- ☐ Puzzeln

R

- ☐ Reflektieren

S

- ☐ Sammeln
- ☐ Schneiden
- ☐ Skizzieren
- ☐ Stellung nehmen
- ☐ Strukturieren
- ☐ Suchen

T

- ☐ Tabelle ausfüllen
- ☐ Tabelle erstellen

U

- ☐ Überblick verschaffen
- ☐ Überdenken
- ☐ Überlegen
- ☐ Überprüfen
- ☐ Unterscheiden

V

- ☐ Sich verabreden mit
- ☐ Verfassen
- ☐ Vergleichen
- ☐ Vorbereiten
- ☐ Vorlesen
- ☐ Vorschläge machen

W

- ☐ Wählen

Z

- ☐ Zeichnen
- ☐ Zusammentragen

Literaturverzeichnis

Der Rat für Forschung, Technologie und Innovation: Kompetenzen im globalen Wettbewerb. Perspektiven für Bildung, Wirtschaft und Wissenschaft. Feststellungen und Empfehlungen, hrsg. vom Bundesministerium für Bildung, Wissenschaft, Forschung und Technologie, Juni 1998.

Finkenzeller, Anita/Kuhn-Schmelz, Gabriele/Wehfritz, Rita: Praxis- und Methodenlehre Sozialpädagogik und Medienerziehung, Troisdorf: Bildungsverlag EINS, 3. Auflage 2009.

Franck, Norbert: Erst zuhören, dann kontern, SZ Nr. 31, 7./8.2.2009, S. V2/10.

Freigang, Edeltraut: Lebenszeit und Lebensraumgestaltung, Troisdorf: Bildungsverlag EINS, 2009.
Johann, Leitfaden für die Freispielbeobachtung im Gruppenalltag, in: KiTa aktuell BY Nr. 4, 1996, S. 84.

Niesel, Renate/Griebel, Wilfried: Breite Altersmischung. Was tun Kinder miteinander, die im Alter deutlich auseinander liegen? In: KiTa aktuell BY Nr. 6, 2000.

Wenke, H., nach Erma Brombeck: Herr, Ihr bastelt aber lange an dieser Figur, in: Welt des Kindes, Nr. 1/1987, S. 205.

Bildquellenverzeichnis

© Bildungsverlag Eins, Troisdorf: S. 6 (alle), 23, 38, 93, 120
© Angelika Brauner, Hohenpeißenberg/Bildungsverlag Eins, Troisdorf: S. 9
© Cornelia Kurtz, Boppard/Bildungsverlag Eins, Troisdorf: S. 12, 50, 57, 71, 83
© ullstein bild - Jaanson(L): S. 28 (links oben)
© Alexandre Zveiger/Fotolia.com: S. 36
© Christian Schlüter, Essen/Bildungsverlag Eins, Troisdorf: S. 47, 67, 96 (2x), 116, 125
© Monkey Business/Fotolia.com: S. 99 (links oben)
© Bilderbox, Thening: S. 99 (rechts oben)
© amaxim/Fotolia.com: S. 99 (links unten)
© Dave Peck/Fotolia.com: S. 99 (Mitte)
© MEV Verlag, Augsburg/Micha Pawlitzki: S. 99 (rechts unten)
© Arbeitskreis für Jugendliteratur e.V., München: S. 103
© picture-alliance/dpa: S. 110
© MEV Verlag, Augsburg/Photodesign Müller: S. 126